経営企画部が会社をダメにする

伊門朔

まえがき

皆様は、『経営企画部』と聞くと、どのような印象を持ちますか？　なんだか偉そうな組織だな、とか、難しそうな仕事をしている部署だなと感じませんか？

実際、経営企画部は社長の直轄組織であり、また、社長特命案件を担当する組織である事例が大半を占めます。一定以上の規模がある会社であれば、必ずと言っていいほど「経営企画部」があります。「総合企画部」や単に「企画部」と呼称する例もあるでしょう。

では、「経営企画部」はどんな仕事をしているのでしょう。そして、期待されている役割は何でしょうか。実は、この組織の定義について、確立した概念が存在する訳ではありません。企業によって機能と役割はマチマチで、権限や守備範囲が大きく異なります。

例えば経理部の場合、どの企業であっても業務内容や役割は同じです。費用仕訳、会計処理を正しくおこなって、損益計算書、貸借対照表などの財務会計情報を作成するのが主な仕事です。人事部、生産部、資材部、海外事業部、いずれもどんな企業であれ、業務内容は似通っています。

ところが、「経営企画部」はそうではありません。前述したように、これと言った定義がありません。中期経営計画の策定、設備投資計画の作成、上場企業なら投資家対応、M&Aなど、広範囲、多種多様に亘ります。

なぜ、「経営企画部」が会社をダメにするのか、これから順を追って説明します。

目次

第1章　日本企業の限界点

旧弊にしがみつく日本企業

俗に、日本的経営と表現されます。とりたてて、日本的経営に明確な定義はないため、『日本企業』対『海外企業』という単純な比較は無意味です。ただ、良く指摘される特性とは、終身雇用制度や年功序列制度ではないでしょうか。これらは、日本特有の企業運営形態と私は思います。

これらの仕組みは、日本が高度成長時代に企業が考案した苦肉の策だと思います。市場経済が成長しているので、人材を繋ぎとめなくてはならない、社員が辞めないようにするにはどうすれば良いのか、すべてはこの点に集約されています。住宅融資制度もその一つでしょう。社員が勤務先から借金すれば、辞めるときに借金を返済しなくてはなりませんから。

ところで、いま現在、日本の企業は全体的に元気がありません。１９８０年から９０

年にかけて世界を席巻したバブル期の狂騒はさておき、従来に比べてグローバルで存在感のある会社は数えるほどしかありません。上場企業の株価は相当に割安に放置されたままです。

日本の製造業で世界的に存在感があるのはトヨタ自動車くらいです。家電、半導体、鉄鋼など、日本企業は負け組と言わざるを得ません。企業規模を示す売上高や株式時価総額、いずれも世界における日本の地位は著しく低下するとともに、海外の有力企業と比べて大きく劣後して

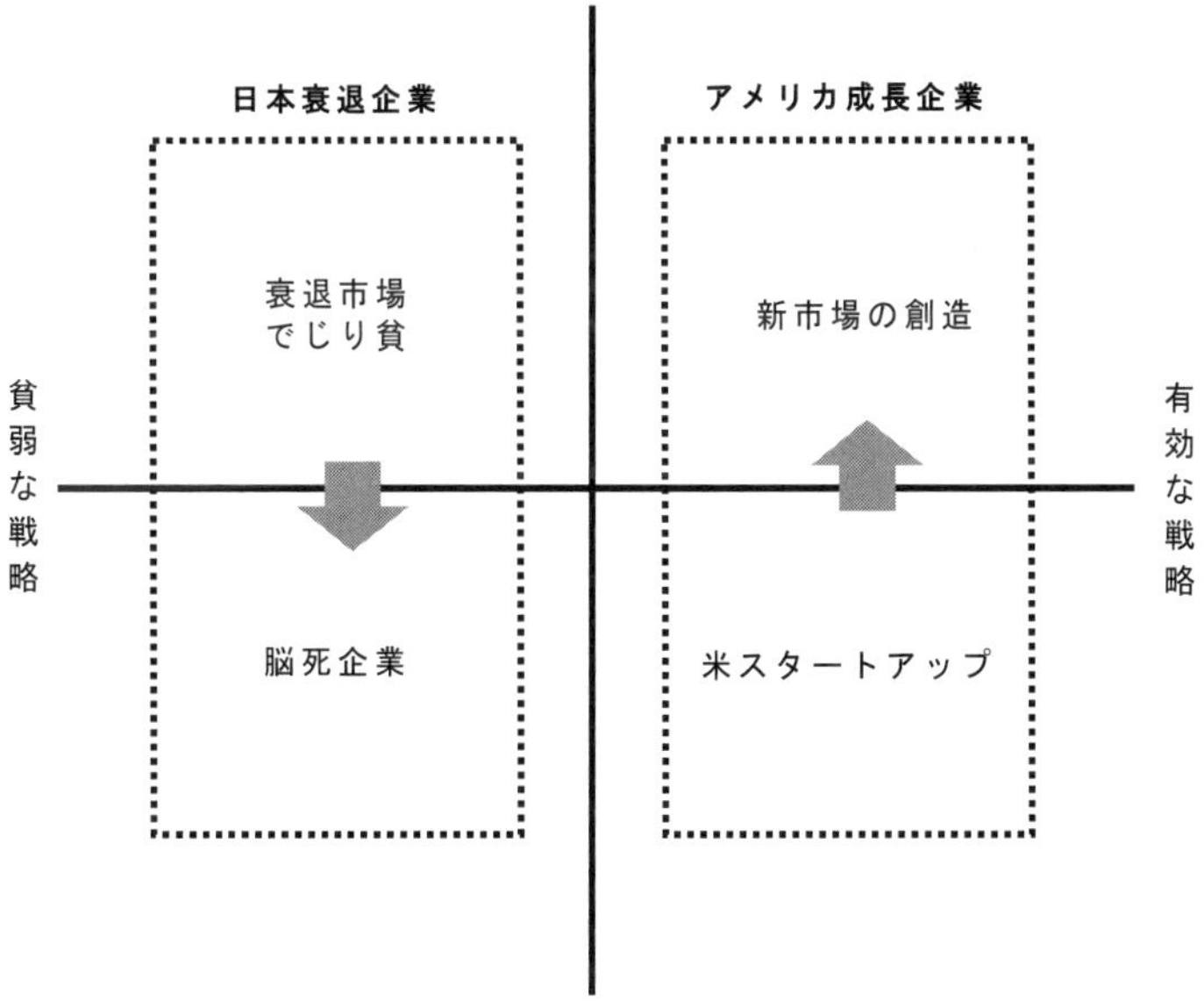

図１　日米企業戦略比較　（著者作成）

いるのです。収益力を表すＲＯＥが低いのも日本企業の特性と言えます。それは、社内に付加価値を創出しないぶら下がり社員を大量に抱えているのが一因です。

図1をご覧下さい。高度成長期の日本企業は貧弱な戦略であっても市場規模が成長していたので、企業は成長できました。当時の日本企業が採った戦略を否定するものではありませんが、従来のルールに沿ってモノを作れば売れた時代なのです。日本企業は生産技術などモノづくりに長けているため、世界的に存在感を示せたのです。

ゲームチェンジ（新しく革新的仕組み・需要）を意識する

一方で、日本市場が成熟度を増して市場成長が鈍化した結果、需要が減退したので日本企業は弱点をさらけ出すしかありません。円高の影響により日本の製造業が日本を脱出して中国などの海外に生産拠点を移しました。その結果、国内市場は空洞化し、さらに出生率の低下とともに人口がピークアウトしています。総務省の統計によると、２０１０年以降、日本の人口は減少し続けているのです。そういった社会環境において新規の需要を産み出せずにいます。

ユニクロ、ソフトバンク、日本電産など世界で活躍する日本企業が存在するのは事実です。彼らが新しい需要を掘り起こしたのは明確な実績です。ニトリは新しい家具メーカーとして飛躍的に成長を遂げています。それでも、これらの企業がゲームのルールを変えた訳ではありません。残念ながら、これら成長企業の占める比率は、日本企業全体のなかでごくわずかしかありません。大半の日本企業は現状維持か衰退に向かっています。

それに比べて、アメリカのスタートアップは根本的にゲームのルールを変えてしまいました。グーグル、マイクロソフト、ツイッター、アマゾン、アップルなど、世の中の仕組みを一変させたのは全てアメリカ発の企業です。製造業で言えば、テスラが良い例でしょう。テスラが登場したため、従来型の自動車メーカーに対して多大な影響を与えたのは紛れもない事実です。当初、テスラが成功するかどうか懐疑的な見方をしていた評論家や企業経営者が数多くいました。それがいまや、時価総額をはじめとしてテスラの存在を軽視する意見はありません。

このように、新しい仕組みをつくる、革新的に市場メカニズムを変えてしまう、新しい需要を創造する、日本企業はこういったゲームチェンジが不得手ではないかと私は思います。

何も変えたくない

では、なぜ日本企業が亡霊のような年功序列や終身雇用を大事にするのでしょうか。
その理由は簡単です。そうするのが、もっとも楽だからです。一度採用した社員を定年まで雇用するのですから、雇用期間中に解雇する必要はありません。アメリカ企業のように大胆なリストラをするには、莫大なエネルギーを費やします。どのくらいの従業員数を解雇するのか、部門ごとに削減人数を決める必要があります。そして、個別従業員を選ぶのです。今後の事業戦略に沿って、新しく組織形態を構築しその組織形態や事業モデルに必要な人材だけを残すのです。

アメリカ企業がえげつない、とか、よくあんな非人道的なリストラができるものだと思うかもしれませんが、私はそう思いません。解雇される社員は大変な目に遭いますが、一方で、経営者も株主から凄まじいプレッシャーを受けているのです。また、視点を変えてみると、解雇された社員は、そのときは悲嘆にくれますが、ひょっとしたら転職する方が良い場合があるかもしれません。

基本的に私は企業と社員は対等の関係にあるべきだと思っています。社員がいつも被害者で企業が加害者のような印象を持つのは木を見て森を見ず、ではないでしょうか。社員が企業を選ぶのと同じように、企業は社員を選ぶ権利があります。社員はいつでも退職する自由があるのに、企業に同じ自由を与えないのは明らかに片手落ちです。

私は決してアメリカ企業の大量解雇を礼賛しているのではありません。ただ、彼らのダイナミズムが羨ましいし、変貌を遂げるスピード感にとてつもない恐怖を覚えます。日本でも早期退職制度があります。退職を希望する社員を募集し、応じた社員に対して割り増し退職金を支給する内容です。日本でも社員を解雇するリストラがおこなわれているではないか、と思うかもしれませんが、これは全く似て非なるものです。何が異なるかと言えば、退職する社員を会社が指名するのか、それとも本人の希望によるものか、の相違です。

前述したように、アメリカ企業は会社にとって優先順位の高い社員を残し、そうではない社員を解雇します。この選定の背景には、事業戦略があります。単純に頭数を減らすだけではありません。私は約10年間、アメリカ企業の日本法人で働いた経験があります。雇用関係はアメリカ本社と同じです。日本人であっても、いつ、自分が解雇されるか、全く予測がつきません。2008年から09年に起きたリーマンショックのとき、日本法人の数多くの同僚が解雇されました。私も自部門に在籍する数多くの部下を解雇しました。日本法人の社長から私の部門で何人解雇する必要があるのか、その理由と根拠について説明を受けました。

それを受けて私は解雇する社員を選別し、それを社長に報告しました。すると、なぜ彼ら、彼女らを選別したのか、その理由を説明しなくてはなりません。そこには、冷徹な企業原理が存在します。

ところが、日本の早期退職制度は退職を希望した社員が対象です。社員の能力や人事評価、企業の戦略と無縁です。自分の勤務先に見切りをつけた社員が辞めていきます。そのような社員はほかの企業でも引く手あまたなので、辞めていくのです。単純に言えば、優秀な社員ほど去り、そうでない社員が残る、すごく皮相的な見方ですが、当たらずと雖も遠からず、でしょう。

オジサン達は順番待ちが得意

次に、年功序列はどうでしょう？　日本企業で重要視されるのは、①年齢、②入社年次と勤続年数、③性別です。私はこれらを『悪しき三種の神器』と呼んでいます。３つとも社員の能力との関連性はまったくありません。日本では、中年になったオジサンが部長や執行役員、取締役に就任するまで順番待ちをしているのです。

中年のオジサンたちは、その列に並んでいるだけで時間が経過すれば自分の順番が回ってきます。どんな成果を残したのか、これから何をしたいのか、自分は何ができるのか、自社はどのようにあるべきか、そんな概念はありません。新しい仕事や案件にチャレンジして失敗すれば、順番待ちの列から外されるので、何もしないのが最善です。なので、企業の上層部ほど保守的になるのです。自らリスクを取るようなチャレンジをしないし、外部から提案を受けたとしても、社内共有せずに闇に葬り去る、これが大半の日本企業の実態です。上場していて、かなりの規模がある企業も同じです。いや、むしろ、大企業ほどその傾向が強いでしょう。

もちろん、センサー大手のキーエンスのように、実力主義を徹底する企業はあります。以前、私はキーエンスで働いていた方々と一緒に仕事をした経験があります。皆さんが異口同音に言うのは、徹底した実力主義です。管理職に登用する場合、年齢や入社年次は一切関係ありません。営業職であれば、営業の実績だけで評価される仕組みになっているようです。若い上司のもとで年上の社員が働くのは、キーエンスでは普通の人事配置です。

残念ながら、キーエンスのような事例はごく稀です。日本企業が年功序列を崩さないのは、メリットが大きいからです。どのようなメリットかと言うと、経営層や人事部は何も考えなくていいからです。もし、ある部署で年齢の若い社員が管理職に登用されたとします。すると、年齢の高い社員から不満が出るのは火を見るよりも明らかです。

本来なら、社員の能力評価メカニズムがしっかりとして、かつそのメカニズムが社員に共有されているなら、そのような不満や嫉妬が生じない筈です。当然ながら、抜擢された若手社員が突出した業績を上げるとともにリーダーとして相応しい人格を持っていなくてはなりません。

ところが、大半の日本企業では、明確な人事評価制度がありません。いや、正確に言うと制度があっても、それを有効に活用していないのです。日本的な曖昧さが優先し、社員の能力評価を正しくおこなわない。なぜ、彼や彼女が管理職になったのか、と指摘されると、年齢が高いとか勤続年数が長いから、と説明するのがもっとも楽で、無難なのです。人事制度が曖昧、評価結果も曖昧、昇進昇格基準も曖昧で、年齢や勤続年数を優先させるのが日本的人事体系です。

しかし、これは企業に限られた傾向ではありません。官僚組織や政治の世界も酷似しているのです。総理大臣が大臣を任命する基準のうちもっとも重要視されるのは当選回数と派閥からの推薦です。国会議員の経験値を示す基準は当選回数なので、それを基準にして人選するのは、ある程度は容認されるでしょう。

本来は、その前にその議員がどのような実績を上げて国政に貢献したのか、それが最重視されるべきです。そして、〇〇大臣になったら、こういう方針で臨む、あるいはこのような分野で実績を出すなどの所信表明がありません。大臣に就任したあと、金の問題や個人的スキャンダルで辞任する例は枚挙にいとまがありません。大臣に就任する以前の問題として、国会議員、社会人としての見識を疑いたくなります。もちろん、官僚組織も同様です。日本では、順番、年齢が最優先されます。

第2章　機能的な役割とは

あるべき秘書とは何なのか？

私の知る限り、そもそも、海外企業に経営企画部は存在しません。強いて挙げるとセクレタリーがその任務を遂行します。日本だとセクレタリーは秘書を意味します。大抵の場合、若い女性が社長を含めた経営層のスケジュールを管理し、男性の秘書室長が彼女たちの管理職です。海外には秘書室はありません。役員それぞれに個別の秘書が割り振られるだけです。秘書はプロフェッショナルとしての立場と職業概念が確立しているので、秘書を管理する組織、すなわち秘書室は不要なのです。日本でもプロの秘書業務がもっと確立されるべきではないでしょうか。

私がここで言うセクレタリーはＣＥＯの補佐役として、あらゆる特命事項を担当する役職を指します。ＣＥＯはセクレタリーに自分の課題認識や業務指示を伝えると、セクレタリーは社内調整をはじめＣＥＯの要請に対応します。私が過去に接点のあったセクレタリーはいずれも非常に有能でした。人当たりが良く、決断、行動がとても迅速です。部下を持たないか、持っていてもせいぜい一人か二人程度です。数人以上の組織ではありません。日本企業の経営企画部はそれに比べて大所帯です。数人程度かもっと大勢のスタッフを抱えます。これも日本企業が非効率運営である証左と言えるでしょう。

海外企業におけるセクレタリーは組織横断的な事業再編や新規事業を始める際にその存在感が発揮されます。海外企業は部門単位の独立性が強いために、組織間の意思疎通が必ずしも円滑ではありません。そういった弊害を無くして全社的な課題に対応します。

もっとも大切な作業はゴールセッティングすること

皆様はCFOという役職を耳にしたことがあると思います。Chief Financial Officerを意味し、日本では、最高財務責任者です。つまり、財務部門の責任者ですが、海外では少し役割やポジショニングが異なります。単に、財務戦略を担当するだけではなく、守備範囲はもっと広いです。CEOの補佐役として事業戦略そのものに深く関与します。

例えば、M&Aを遂行するのはCFOの役割です。日本ではどうでしょうか。経営企画部や事業開発部、事業推進部などが専門的にM&Aを進めます。M&Aについては、後述しますが、海外ではCFOの主たる業務と言えます。なぜかと言えば、M&Aと財務戦略が不可分の関係にあるからです。投資資金が妥当かどうか、投資資金をどのくらいの期間で回収できるのか、BSやPLにどのような影響があるのか、投資資金の資金繰りは可能か、検討すべき課題がたくさんあります。CFOはそれなりの規模の海外企業なら必ず配置されています。それくらい重要な役割を担っています。

ＣＴＯ(またはＣＩＯ)はいかがでしょうか。この役職は Chief Technology Officer を意味し、言わば、ＩＴの責任者です。しかし、日本企業のシステム部とは根本的に異なります。日本企業のシステム部は社内のＩＴインフラを整備したり、社員のメールアドレスをメンテナンスしたり、日常業務が大半を占めます。データ保存を自社のサーバーからクラウドに切り替えたり、使用期限の到来するプログラムを更新したり、多少日常業務から離れる業務があるものの、大抵の企業ではＩＴ機能がルーティン化しているのです。

しかし、ＣＴＯはそうではありません。三年後、五年後に自社がどのような企業を目指しているのか、どのような企業になっているのか、それに基づいて必要なＩＴ機能やＩＴインフラ戦略を構築するのがＣＴＯの任務です。当然、自社の事業戦略とともに、世の中でどのようにＩＴ環境が変化を遂げているのか、あるいはどういった新しい技術が誕生するのか、将来に対する知見が重要です。

社内で使用するシステムのプログラムを組むとか日常的なＩＴメンテナンスはアウト

ソースすれば良くて、わざわざ社内にコストの高いスタッフを抱える必要はありません。コスト面だけでなく、外部の専門業者の方がレベルは高いのです。ＣＴＯは戦略を練る役割であって日常ＩＴ業務を推進するための機能ではありません。

ＣＦＯやＣＴＯに共通する機能は何でしょうか？　それは、企業の将来像、将来戦略と一体になっている点です。三年後、五年後にどのような企業になりたいのか、どのような企業を目指すのか、つまりゴールセッティングですが、これを基準として、今何を成すべきか、何が足りないかを考えているのです。

第3章　ボトムアップとトップダウン

カイゼンは本当に日本の得意技？

よく、ボトムアップ型経営とか、トップダウン型経営という単語を見聞きします。ボトムアップとは、現場や末端の組織から出される提案とアイデアに基づいて、経営の意思決定がおこなわれる仕組みです。

一方、その対比としてトップダウンは社長や経営層の方針に従って意思決定がなされると理解されます。私は、これらのメカニズムは対比、対立の関係にあるのではなく、相互に補完関係にあると考えます。企業の置かれた、それぞれの局面において、ボトムアップで物事が進んだり、トップダウンで決まったりするのが最善ではないかと思います。

海外企業はトップダウン型経営、日本企業はボトムアップ型経営と分類されるようです。それは、日本企業の現場や一般社員が優秀で、改善意欲が高い事例として引用されます。『カイゼン』と言う単語が海外でも有名なのはその表れかもしれません。日本人のモチベーションが高く、現場の末端まで経営意識が高い点は、私も日本人として誇らしい気持ちです。でも、日本人の美徳は未来永劫維持されるのか、私は疑問に思います。そういった経営体質を構築した経営者の努力は素晴らしいと思いますが、過度に現場に依存するのは危険です。なぜかと言えば、リスクが二つ存在するからです。

一点目は日本人のモチベーションが変化しつつある点。『最近の若い者は…』など言うつもりは全くありませんけど、社会の変化に連れて日本人の意識が変化していくのは当然ですし、それは健全な変化と思います。

もう一つのリスクは生産拠点を海外に移転する際です。日本の製造業が海外に生産拠点を移転し始めてから既に40数年以上が経ちます。日本企業は相当のノウハウを積んだに違いありません。海外でも『カイゼン』活動は着実に定着しつつあると思います。しかし、海外で日本と同じレベルの現場カイゼンを期待するのは無理があると思います。

宅配の躓き

トップダウンとボトムアップの関連で、身近な事例として、宅配事業について検証したいと思います。配送事業なので製造業ではありませんが、日本固有のサービスとして今や利用しない方は居ないと言っても過言ではありません。この事業を始めたとき、創業者が明確な戦略と確固としたポリシーを持っていました。でも、ユーザーである我々は、最初、宅配サービスの利点を理解できませんでした。従って、事業として軌道に乗るまで創業者はときには官僚と戦って規制改革を断行させるなど、あらゆる手段を行使しました。また、社員に対しても徹底して宅配事業に専念するように啓蒙を重ねました。そして、今や巨大な市場を形成するに至っています。そして、宅配のトップ企業は中国にもこのサービスを定着させようと試みましたが、とても成功と言える結果を出せませんでした。

そもそも、配送に対する概念が異なります。日本では受取時にサインや捺印を受領する、時間指定で配送させるなどのサービスを展開しています。しかし、海外にその種のサービスはありません。荷物は自宅やオフィスに届けば完了、配送業者は届けるのが使命なのです。時間を指定して配送させるなど、過剰品質であり、そのサービスに対価を支払うユーザーはいません。

結局、中国における宅配事業は定着していません。私が残念なのは、その事態を受けて、経営陣がどのような手を打ったのかという点です。残念ながら、HPを見ても、海外における宅配事業について何も触れていませんので、うまくいっていないのではないかと想像します。私は非常に残念です。

なぜ、中国で定着しないからと言ってやめてしまうのか、中国でほかの方法が無かったのか、ほかの地域でやればひょっとしたら成功したかもしれません。その過程に戦略も戦術も、ボトムアップの声も反映されていないように感じます。やはり、創業者でない社長だとサラリーマン気質が抜けないのでしょう、私はそう思います。

私は、日本型現場カイゼンを活かしつつ、社長の戦略性とミックスするのが重要だと思います。残念ながら、日本企業の社長に戦略性が欠けるため、現場レベルが注目されているのが実態でしょう。

企業規模に関係なく、おおよその企業は年間予算や目標を立てていると思います。それほど精緻な計画でなくても、売上高と利益くらいの目標や目算はあるでしょう。中小零細企業なら、社長の個人的な見通しがベースになっています。

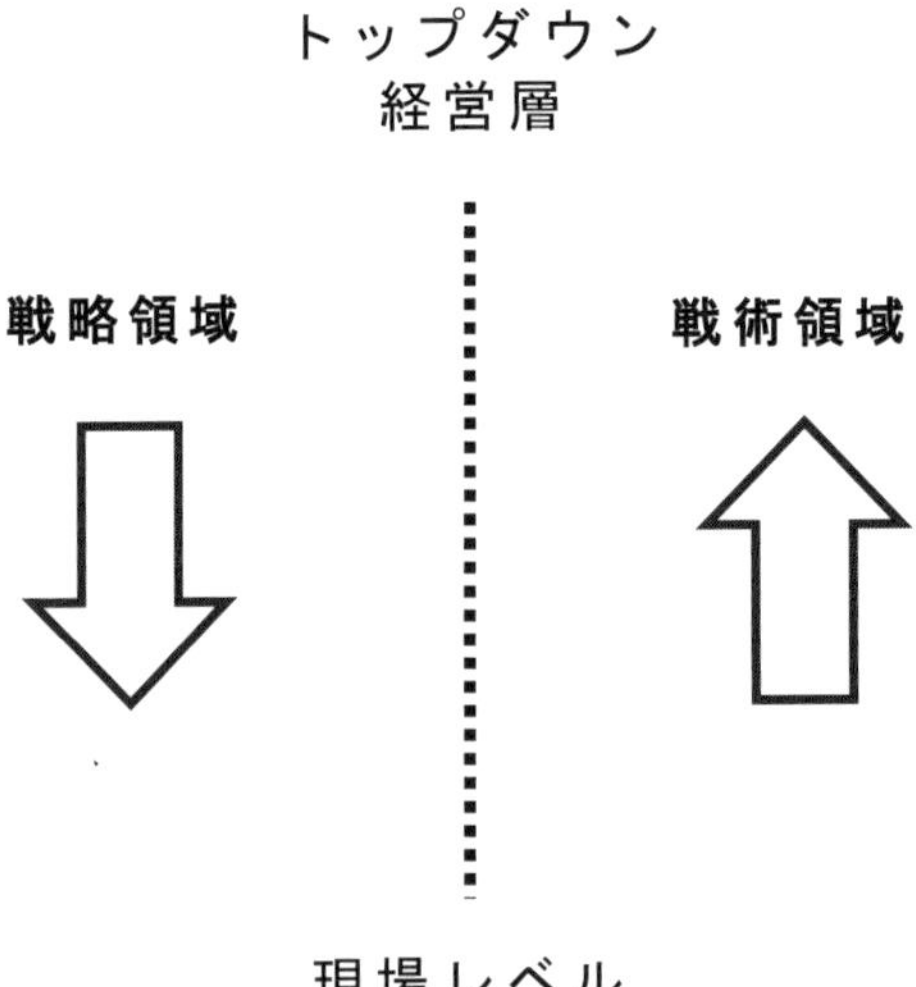

図２　戦略ミックス（著者作成）

目標設定は難しい

一方で、上場企業の場合は、部門ごとに目標を決めて、それらを集大成したうえで全社的な目標設定をおこないます。問題は、全社目標の設定の方法です。各部門から目標数値を提出させて、本社経営企画部がそれを集計管理するのが一般的な手法です。

ここで気を付けなくてはならない点があります。各部門は必ず、自分たちが達成できると思う目標設定をしてくる点です。自ら、高い目標を課すような行為をしません。本社から数値目標を上乗せされるので、最初は低い目標を設定します。

大切なポイントは、部門ごとにギリギリ達成可能な数値を見極める目利き能力です。そのためには、自社の置かれている事業環境、自社の課題、戦力等を総合的に理解しなくてはなりません。通常、経営企画部は調整役なので、各部門が納得するレベルに収斂します。でも、私は調整型計画には思想が無いと思います。やはり、社長がときには、意図的に部門に対して高い目標を設定するなどの見識が必要です。言うまでもなく、これは東芝などで見られた営業ノルマではありません。各部門が現状の延長ではなく、創意工夫しなければ達成できない目標設定を意味します。

それから、部門横断的な事業連携を促すなど横串を意識するのも大切です。これらの機能は経営企画部が担っていて、社長は部下からあがってきた計画を確認するのが日本では一般的です。しかし、その方法だと満足すべき内容になりません。繰り返しますが、社長の見識が希薄だからです。私の知る限り、日本企業の社長が強いリーダーシップを発揮している例は非常に少ない印象です。ボトムアップで合算された数値に対して、トップダウンによる『魂』の入った数値が重要なのです。

第4章　M&A

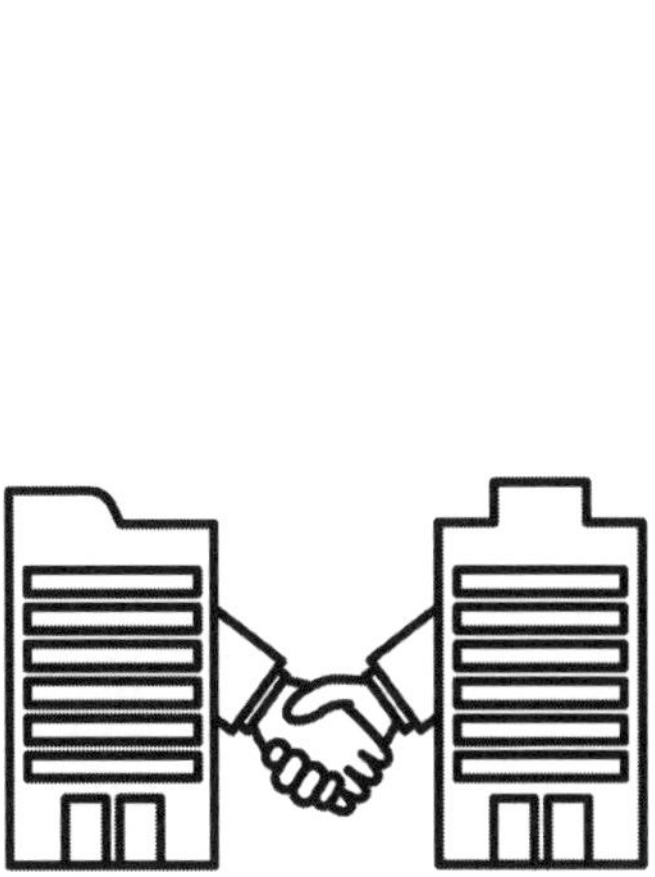

M&Aは社長がコミットすべき事案

M&AとはMerger & Acquisitionです。現在では、ごく普通に戦略の一環としてM&Aが浸透しています。ここでは、何のためにM&Aを実施するのか、M&Aの意義を考えてみたいと思います。

M&Aについては、数多くの書籍が発刊されているし、M&A業者によるセミナーも盛んにおこなわれています。私は日本の経営者はM&Aについて、根源的な目的と位置づけをもっと考えるべきと思います。相手企業が持っている市場が欲しいのか、相手企業が持っている商品ラインアップが魅力なのか、新たにユーザーを獲得したいのか、要するに、なぜその企業でなくてはならないのか、その規範が曖昧なのです。ほとんどの場合、経営企画部が検討してきた案件を追認するのが社長の役割になっています。これこそ、まさにボトムアップとトップダウンの整合性の問題です。

私は社長自らが買収候補を選別し、メッセージを発するのが重要ではないかと思います。なぜ、我々はあなた方と組みたいのか、組んだら何をしたいのか、そういった戦略性を訴えなくてはなりません。しかし、現実はその部分は実務担当部門に丸投げです。両社による社長面談の際、実務担当部門が作成した原稿を棒読みする事例も珍しくありません。これでは、買収後のＰＭＩ(Post Merger Integration)も含めて、意義のあるＭ＆Ａと言えません。ＰＭＩとは、買収した企業をより良くするための経営強化支援を意味します。

重要なのは社長の肉声であり、社長の熱意なのにそれが全く感じられません。その理由は、普段から何も考えていないからです。私は日本企業、特に上場している大企業の社長は『脳死状態』ではないかと思います。Ｍ＆Ａ案件が浮上してから考えるのではなく、毎日食事するのと同じように、自社の経営戦略を考えなくてはなりません。それが、社長としての責務です。日々の思考の一環として、Ｍ＆Ａが位置するのです。なかには、社長が全く想定しなかった案件があるかもしれません。だけど、自社の強みを活かす事業領域がどこにあるのか、それを更に強化するためにこんな会社と組みたい、会社名も含めてより具体的なイメージを社長が持っていれば、たまに変化球がきても柔軟に対応できます。

同時に、自社の弱みや足りない戦略を補うには、あの会社が欲しいといった思考が重要です。国内に限らず、海外企業を視野に入れたうえで毎日、頭の体操をして欲しいと私は願います。秘書室や経営企画部、事業部の組んだスケジュール通りに動き、現場が作成した原稿を読み、一日の会議を無難に過ごすのは社長の本来業務ではないのです。

M&Aの進め方を類別すると、本社経営企画部が主導するか、または事業部門が主導するかの2種類あります。どちらかと言うと、私は後者の割合が高いように感じます。現業を預かる事業部門から、このような会社と組みたいとか、買収したいと本社に申請し、本社でそれを審査する流れです。

この手法のメリットは、その事業については、本社サイドよりも事業部門が精通しているため、的外れな選択をする確率が低い点です。本社経営企画部が推進すると、現場の感覚から大きく乖離する場合がありますので、そのリスクを低減する効果があるでしょう。しかし、私はこの進め方に重大な問題があると考えます。それは、自社の現業部門を上回るようなエクセレントカンパニーを選ばないという欠点です。買収側が一方的に買収するケースであっても、つまり、優位な立場であっても、自社の事業部門よりも高い技術を持つ企業を買収すれば、やがて当該事業部門は主導権を被買収企業側に奪われます。技術力に限らず、販売力や商品ラインアップでも同様です。

企業のなかで生き残ってきた賢明なサラリーマンほど、自らの首を絞めるような選択をするはずがありません。だから必ず、自分たちが絶対に勝てる企業を選択し、いつまで経っても、その部門は抜本的に改善しません。これが、ボトムアップ型意思決定の限界です。買収後に何らかの問題が発生すると、その責任は現場に押し付けられるため、現業部門は大胆な手法を採りません。本社は自分たちの責任になってはまずいので、現業部門に任せようとします。いかにも権限委譲しているように見えるけど、実態は本社の責任逃れです。

また、ボトムアップ型の場合、新規事業に繋がるM＆Aは絶対に生まれません。なぜなら、現業部門は自分たちの守備範囲しか興味がないからです。新規事業案件を進めるなら、本社主導でやるしかありません。

一方、本社主導で進めると、現業部門から反発を招く恐れがあります。現業部門から見れば、自分たちの知らないところで、本社が勝手に決めた案件だからと知らんぷり。これも困ったものですが、実際にはそういう現象が多く見受けられます。トップダウン型の欠点を補うのは、まさにトップダウンしかありません。経営企画部任せにせず、社長自ら現業部門に対して、M&Aの必要性と重要性を説くしかありません。

現業部門がその気にならないと、外部勢力を取り込むのは困難です。社長の役割はそれだけではありません。社長は買収後の事業プランを練っておく必要があります。前述したように、自社の強みと弱みを認識し、そして相手企業の強みと弱みを理解すれば、自ずと『解』が見えてくるでしょう。それが、M&Aの正しい進め方ではないでしょうか。

バリュエーションはアートの領域

次に大切なのは、買収金額です。買収金額を算定するのは非常に難しい作業です。企業価値は、不動産のように地価の公示価格が存在しません。不動産は第三者に賃貸すれば家賃収入を得られますので、必然的に投資利回りは電卓で計算できます。しかし、企業を第三者に賃貸できません。一般的な商品のように製造原価もありません。要するに、その企業を欲しい人がいくらまで払えるかという問題に至ります。

私は、Ｍ＆Ａにおけるバリュエーションは非常に奥深い、突き詰めると哲学的な要素があると考えます。私は長年、Ｍ＆Ａの仕事に関わってきましたが、バリュエーションについては、毎回、悩み苦しみ、そしてこれでいいのだろうかと自問自答しながら、アドバイザーとして顧客に助言してきました。

バリュエーションを算定する方法は複数あって、それらの計算手法は既に確立されています。重要なのは、買収側の社長が自分の頭で相手企業の価値判断をする必要があるという点です。アナログ的な感情論でバリュエーションをおこなうのは危険です。そうではなく、合理的に積み上げた価格目線を持つべきです。一言で言えば、バリュエーションの根源にあるのは、被買収企業の将来における収益力をどのように判断するかです。全ての道はこの点に集約されるのです。

企業経営とは、予測不能な事態を目に見える具材として実現する行為と私は思います。事業環境は刻々と変化します。社内事情は猫の目のように変化します。それぞれの事象が変化を遂げるなかで、3年後や5年後の業績を予測するなど、できるはずがありません。でも、毎日の判断と中長期的な戦略とが相俟って、適切な企業経営が実現化しています。

問題意識の高い社長は、被買収企業の将来図や対応策について予見を持っているはずです。その上で将来の収益力に基づいて、投資金額を想定するべきです。M&Aを進める際に競合相手が登場すれば、どうしても買収価格が上がってしまいます。この場合も、最大限ここまでの金額なら支払ってもいいという目算が必要です。その金額を超えるなら、潔く撤退しましょう。そういう高度の判断こそ、社長に必要な資質です。

スモールスタートは安全ではない

私がこれまでに関与したM＆A案件において、買収側が犯しやすい判断ミスを紹介します。案件サイズが大きいよりも小さい方が、リスクが小さいと考えるケースです。さらに、リスクを抑制するため、出資額を減らす判断です。過半数の株式を取得せず、マイノリティ出資に限定する選択です。でも、これは非常に重大な判断ミスです。小規模の企業の方が社内に人材が少なく管理面や営業面が手薄です。企業規模が大きいと、社長一人がカバーできる範囲を超えるので、ある程度、組織運営しなくてはなりません。だから、企業としての組織が自立しているのです。企業規模が大きくなれば、投資金額は大きくなりますが、それとリスクの度合いを勘違いしているのです。

また、マイノリティ出資は、よほどの事情が無い限り避けるべきです。結局、お金を出したのに、相手企業に対して影響を及ぼす訳にいきません。私は、ある日本企業のアドバイザーとして海外企業への出資に関与した経験があります。そのとき、出資比率は20％強です。私は出資後に何度も現地企業の経営者と話しました。出資したときに赤字だったので、何とか黒字化するべく、リストラや営業強化を提案しましたが、いずれも不発でした。残念ながら社長の経営方針を変えられず、出資金を引き揚げました。投資したときよりも企業価値が下がっていたため、回収できた出資金は半分程度です。とても苦い記憶です。

なぜ、会社を売却するのか、考えよう

通常、Ｍ＆Ａと言うと、買収側が主人公ですが、私はそうではなく、被買収側に立った視点が重要ではないかと考えます。すなわち、何のために社長が自分の会社を売却するのか、なぜ、経営を他人に任せるのか、これはある意味で買収側の理屈よりも重要です。なぜなら、被買収企業が買収側企業の傘下に入ったあとに、どのように運営するかが重要だからです。

商品開発力が不足しているのか、経営人材がいないから売却するのか、事情は千差万別です。前述の通り、買収したあとに、適切なＰＭＩを展開するプロセスがＭ＆Ａの成否の分かれ道と言っても過言ではありません。これまで、私が関与した案件やその他、見聞きしてきた事例を検証すると、ほとんどの場合は十分なＰＭＩが行われていません。私は、日本企業はＰＭＩが苦手だと思います。その理由は、普段の経営で実践を積んで

いないからです。不採算部門をどのように立て直すのか、新市場をどのように開拓するのか、社長自ら自問自答していないのに、いきなり他人の企業をテコ入れできるはずがありません。

最近は後継者不足が原因で自社を売却する案件が急増しています。売り手と買い手をマッチングする『仲介事業者』がM&A市場を席巻しています。コロナ禍による影響と相俟って、飲食店、旅館やホテルなどの旅行事業者などが大量に売却候補として出回っているのです。

構造的な背景としては、戦後の復興期に事業を興してきた方々が高齢化し、その事業を引き継ぐ人物がいないのです。本来なら、買収企業から後継者を送り込むべきですが、買収側も人材が潤沢ではありません。結果として、十分なPMIが展開されずに時間が経過します。私は、被買収企業を本体に取り込んで一事業部門にするのが妥当と思うのですが、被買収企業に気を遣うあまり、積極的な動きは見えません。M&においても、日本特有の不思議な現象があるように思います。

何も変えないのはＰＭＩではなく放置

その①は、買収企業が被買収企業に対して提示する条件として、会社名を変更しないとか、役員メンバーを据え置くなどの例があります。どの業界も狭いので、一度、悪い印象が業界に広まってしまうと次のＭ＆Ａを進める際に支障になるようです。でも、私は全く理解できません。何も変えないなら、それはＭ＆Ａではありません。

Ｍ＆Ａとは株主が替わる経済取引です。株主が替わるのだから経営者が替わって当然ではありませんか。株主が自分にとってもっとも好ましい経営スタイルを導入するべきです。もちろん、状況に応じて、そのまま社長を維持しても構わないけど、最初から社長を交代させない条件を提示するのは理解不能です。取締役についても同様です。

買収側から１名か２名程度の取締役を派遣するケースがあったとしても、勤務形態は非常勤だし実態の経営に与える影響は皆無です。これでは、何のために買収したのか良く分かりません。

次に、日本では、株式の売却がタブー視されています。ここで言う株式とは、オーナー創業者が保有する自社の株式を意味します。株式売却、すなわち企業売却の提案をするとオーナーの逆鱗に触れるときがよくあります。なので、よほど慎重にアプローチする必要があります。

例えば、買収企業と被買収企業との社長面談の際に、被買収企業の社長に対して、『買収』という単語を使わないというのがM&Aのノウハウとされています。被買収企業に気を遣っている証拠です。

海外でこのような事例は無いでしょう。海外では、株式は通貨のようなもので、買いたい側と売りたい側の条件が一致すれば、ごく普通の経済行為として取引が成立します。だから海外だと、M&Aの交渉を開始してから成約するまでの所要時間が短いのです。それに対して、日本では株式に対して妙な思い入れがあります。『自分が苦労して大きくしてきたのに、それを売却しろと言うのか』、『自分の子供よりも大切なものを売却しろとは何事か』といった感情論に根差した拒絶反応が一般的です。なぜ、あなたの会社を売却してはどうかという提案が失礼なのか、さっぱり分かりません。ですから、創業者の考えが変わるまで長い時間を要します。こういった背景があるので、日本経済のダイナミズムが喪失していると思います。

これは、オーナー系企業に限った現象ではありません。上場している大企業に対して、部門売却の提案をすると失礼にあたるなどの話を金融機関から耳にします。しかし、社長がＲＯＩＣ(Return On Invested Capital)の概念を理解していれば、このような拒絶反応は絶対に起こり得ません。ＲＯＩＣとは投下資本利益率を意味します。すなわち、自社が投じた資本に対してどれくらいの利益を得ているかを示す経営指標の一つです。市場における自社のシェアが低く、将来性が無ければ当該事業から撤退を検討するのは、ごく自然な判断です。その部門に投じていた経営資源を将来性の高い事業に振り向ける必要があります。

採算性の低い事業を継続すれば、その企業全体の利益率が低下します。日本企業は撤退や売却という戦略について、もっと真摯に向き合うべきです。中小企業庁の統計によると、日本では廃業率、起業率はいずれも5%未満で、海外に比べると非常に低い水準です。これでは、日本企業の新陳代謝のスピード感が海外企業に比べて大きく見劣りするのが納得できます。

第5章　創業者

変化しながら成長するのは難しい

会社をゼロから興すのは大変です。なかには、アルバイトの延長で事業化したり、仲の良い友人が友達感覚で事業を開始したり、などの事例があるかもしれまんが、私はそのようなケースは、ごく稀ではないかと思います。1を2に増やすのと、0を1にするのは、どちらも+1ですが、意味合いは全く異なります。私は、0から1に増やすのは容易にできるものではないと思います。

創業社長は自分が一代で身を興した人物なので、社内で圧倒的な力を持ち、全ての決定に関与します。よく『権限委譲』という言葉を耳にします。常に社長が全権を握るのではなく、現場の責任者や部門長に決定権を渡しなさいという意味です。そうすれば企業運営が効率化し、同時に人材の育成に繋がる効果があります。

しかし、権限委譲が進んでいなくて、創業社長が一人で何でも決めている企業であっても、立派に成長している場合もあります。日本電産がその代表例ではないでしょうか。どう考えても永守氏があらゆる決定権を握っているように見えます。永守氏の後継社長問題で混乱を招いたものの、企業業績は非常に好調です。

今から数年前、私はアパレル小売業の経営コンサルタントをした経験があります。年商は約８００億円の急成長企業です。全国に数百店舗を展開し且つ毎年 50 以上の店舗を増やしていました。当時、創業社長は 40 歳と若く、怖いもの知らずで、新進気鋭の経営者としてマスコミで注目されていました。

この企業の場合、最大の問題は創業社長が個別店舗の在庫量と商品の仕入れ内容を指示する現象でした。売れ筋商品が品切れにならないように仕入れ戦略は非常に重要です。同時に、在庫が過剰にならないように在庫管理も極めて重要な指標です。

この企業では、毎週月曜日の朝礼で、エリア長は社長に対して主要店舗の販売状況を報告します。当然、私もその場に同席していました。前の週の売れ筋商品、新商品の販売動向、在庫量などを報告します。エリアごとに社長が今週の仕入れ商品の数量と商材を指示していきます。アクセサリーや女性用小物、インテリアに至るまで、細かく指示していました。エリア長はその指示をメモに取って忠実に実行していきます。

私は、定期的に店舗を訪問し、店舗責任者から問題点などをヒアリングしていました。ある大型店舗を訪問したときの出来事を紹介します。売れ筋商品なのに仕入れが少ないため欠品や、既に売れ筋のピークを過ぎているにも関わらず、本社から仕入れ指示がくるので大量に在庫を抱えている、など店舗責任者から強烈なクレームがありました。当然、店舗責任者は上司であるエリア長に改善を求めますが、エリア長は社長の指示なので軌道修正を認めません。私は直接、社長に状況を報告して改善するように説得を試みましたが、社長は聞く耳を持ちません。自分はこの方法で成長させてきたとの自負心が強いあまり、的外れな指示を出していてもミスを認められないのです。例え、創業社長であっても、全国に数百もある店舗の個別在庫を詳細に把握できるはずがありません。

売れ筋商品は猫の目のように変わります。売れると思って大量に仕入れた商品が売れ残ったり、あまり売れないと想定したのに予想外に販売が伸びたり、最先端の店舗運営は生き物のように刻一刻と状況が変化します。素早く適切に手を打つアクションが最優先課題です。個別店舗を管理しているエリア長ですら、間違った判断をする場合があるくらいです。この社長は創業時の数店舗やせいぜいでも50店舗までの成功体験を引きずったままで、その10倍以上の店舗数になっても同じレベルの指示を出しているのです。私は、いつの間にか創業社長が成長の阻害要因になっていると確信するようになりました。

私はナンバー2の専務に相談しました。専務は創業以来から社長と一緒に苦楽を伴にしてきた人物で、社長の性格を良く知っています。当然、彼の許にはエリア長が相談にきているので、社内の問題点を十分に認識しています。彼は自分が社長に忠告しても聞く耳を持たないため静観していました。もし、社長と自分とのあいだに不協和音が出ると、それが社内に伝わって大きなマイナス影響が起きる事態を避けたいと考えていたようです。会社全体のバランスを優先するなら、専務の判断は正しいと私は思います。ただ、日常的に難しい判断を求められるエリア長や店舗責任者はたまったのではありません。私はプロジェクトリーダーとして、店舗ごとの仕入れ、販売、在庫を一元管理して一目で分かるようにシステム化したのですが、社長の方針を変えるには至りませんでした。

その後、社長が周囲の反対を押し切って新しい業態の店舗を開始したところ、うまくいきませんでした。結局、新業態を断念し、社長は自分の保有株式をファンドに売却して第一線から身を引きました。自分なりに限界を感じた結果の判断と考えます。この事例は成功例か失敗例なのか良く分かりません。年商が千億円近くまで成長したのは、とても素晴らしい成功事例ですが、最終的に社長は経営を断念した訳ですからハッピーエンドではありません。

創業者にとって補佐役が大切

創業者がずっと成長軌道に乗せるケースとそうでないケースの相違点は何でしょうか。明快な回答はありませんが、強いて挙げるなら、補佐役の存在ではないかと想像します。

先ほどの企業の場合、ナンバー2の専務です。この立場の方は、社長に絶対服従でないと駄目です。自分の意見を持つと必ず、社長と衝突します。自分の意見を押し殺して社長の指示に従う必要があります。それを前提として、私は補佐役が社長の指示を微妙に軌道修正するかどうかの相違と思います。

先ほどのケースだと、専務が社長の指示を軌道修正していれば、異なった結果になったかもしれません。専務の方が社長よりも現場の状況を理解しているため、適切な指示を出せたと思います。事実、私は専務にそのように提案したのですが、専務は忠実に社長の指示を守りました。自分で作りあげた企業なのに、気がつくとその同じ人物が成長を妨げるという、何とも皮肉な現象ではありませんか。創業者は不思議な存在です。

第6章　世襲《せしゅう》制度

経営に歌舞伎のような型は存在しない

日本企業の特性の一つとして、世襲制が挙げられます。創業者またはその家系の経営者が、子供に企業を継がせる行為が、どうして続くのでしょうか。

もっとも大きな問題は、社長を選ぶ手順が不透明であり、確立していない点です。これは、世襲企業に限った現象ではありません。世襲制でない企業であっても、社長や取締役を選任する基準が明確ではありません。私は、世襲制を維持する企業ほど、選任基準をより明確にすべきではないかと思います。最近、「指名委員会」を設置してあたかも第三者が公平に人事をおこなっているように見えますが、運営実態は公平ではなく、透明性が増したと思えません。これまでと同様に、お手盛り人選で就任した指名委員が会社の意向を反映した人選をしています。

かと言って、世襲制が絶対に間違っていると私は思いません。能力の高い人物であれば、創業家系の方が社長になっても問題はありません。ところが、能力が無い人物が社長に就任すれば、本人はもちろん、従業員や取引先に対して、大きなマイナス影響を及ぼすのです。それが、世襲経営の問題です。多くの場合、世襲家系がその企業の株式を保有しています。古くから指摘されるように、資本と経営の分離をすればいいのに、株主=経営がまかり通っています。

歌舞伎や能など、日本の伝統芸能は世襲制です。その家系に生まれた子供は小さいときから徹底的に『型』を叩き込まれます。そして、5歳や6歳になれば舞台にあがるようになります。つまり、幼少から舞台経験を積んでいる訳です。

私は、企業経営と伝統芸能の違いは『型』にあると思います。伝統芸能における『型』は長い期間に亘って築き上げられたものです。理屈ではなく、役者はまずその『型』を身につけるところに伝統芸能の意味があります。その土台に立って、時代、時代の創意工夫が生まれます。私は、『型』を身につける過程によって、個々人の能力の違いを補っているのではないかと考えます。伝統芸能の世界が楽だと言っているのではありません。むしろその逆です。数百年も続く家系や伝統を維持するのは並大抵ではありません。

それは、『型』があるために維持できる安定装置のようなものです。

一方で、経営に『型』は存在しません。経営環境は時代によって全く異なります。時代背景が異なっても、経営にも共通する部分はあるでしょう。創意工夫や人的関係の構築など、どの時代の経営者であっても必要な素材ですが、これは遺伝で補えるものではないし、確定した『型』はありません。一口に創意工夫と言っても、個々人によって発揮の仕方が違うのです。ましてや、それぞれの時代における戦略が不変なことは絶対にありません。

日本には、株式を持たない創業家が経営を担う企業もたくさん存在します。トヨタ自動車などが、それに該当します。創業家である豊田家はトヨタ自動車の上位株主に存在しません。しかし、どう考えてもトヨタ自動車は豊田家の会社です。最近、トップが交代しましたが、相変わらずキングメーカーは豊田家に間違いありません。

トヨタ自動車の場合は、世界的企業に成長し、圧倒的に勝ち組みです。世襲経営がうまく機能している事例と言えます。サントリーなども成功事例に該当します。ところが、これらは稀なケースであり、大半の世襲経営は失敗です。株式を保有しない世襲家系が経営者に収まっているために、企業価値が向上しない事例は枚挙にいとまがありません。世襲企業が未上場であれば、まだ、分からなくはありません。閉ざされた社会で創業家が自分の好きにすればいいでしょう。しかし、上場企業なら、その意味合いは全く異なるのです。上場している以上、株主の意思を尊重しなくてはならないのに、経営者がその意思を無視するなら明らかに株主軽視です。

株主の意思とは、すなわち企業価値の向上です。どのような時代であれ、どんなに経営環境が変化しても、企業価値を向上するのが、経営者に課せられた責務です。企業価値を上げるより、まずは創業家が経営を掌握し続けるかを優先しているとしか見えません。企業価値を上げれば、経営者は何をしても許されるという問題ではありません。企業として正しい行動を進めながら、企業価値を上げる必要があるのです。

ピエロは誰か？

かつて、私は世襲企業に勤務した経験があります。上場企業です。売上高が伸び悩み、不採算事業を抱え、当然ながら株価は低迷しています。社長は創業者から3代目で、社長の息子が専務でした。父親は自分の息子に跡を継がせるのが当然と考えているし、息子も自分が次期社長になるものと信じて疑いません。私の目から見れば、社長は決断力に欠けるために、採算性の低い事業部門を売却する決意ができません。

また、M&Aにおいても、とんでもなく高い価格を相手企業に口約束するなど、社長としての資質に欠けます。父親自身が創業したなら私は一目置きますが、創業したのは彼の祖父なのです。息子についても同様で、彼はいつも社内会議では上から目線で話し、気の弱い事業部長に対して執拗に叱責を繰り返すなど、パワハラの権化のような存在です。社員からの求心力は全くありません。創業家系が保有する株式の比率は数%に満たないのに、どうしてこの親子が上場企業を牛耳るのでしょうか。

父親は息子に実績を上げさせたい一心で海外部門、新規事業の部門長を歴任させますが、どの部門でも退職する社員が増え、業績が向上しません。役員や社員は社長に対して、息子を誉めます。「最近、専務はしっかりしてきた」とか、「貫禄が出てきた」とか、いい加減なお世辞を言うので社長はそれが嬉しくて堪りません。でも、みんな影で舌をペロリと出して嘲笑しています。それが、世襲経営の実態です。

私は、社長に対して息子に跡を継がせるべきでないと進言しました。同時に、専務に向かっても、明確な業績を上げない限り、社長職を受けるべきでないと説得しました。この親子が私のアドバイスを受け入れるはずがありません。見え透いたお世辞に踊る親子がピエロなのか、まともに苦言を呈する私がピエロなのか、良く分かりません。

次に、私は、社外取締役に働きかけたところ、私は主要なポストを外されてしまいました。社長や専務からすれば、私はこの上なく危険な人物だと感じたに違いありません。ほどなく、私はその会社を退職しました。

アクティビストが会社を変えるチャンスだったのに

以前、あるアクティビストがこの企業の株式を保有しました。社長は気が小さいので、ほんとにビクビクしていました。アクティビストから面談を求められても、いろんな理由をつくって面談を拒否していました。アクティビストの要求は、不採算事業からの撤退や不急不要資産の売却など、非常に的を射ていました。取締役会で、アクティビストからの提案を議論する機会はなく、何も対応しないまま時間が経過します。

たまたま株式市場が好転し、当該企業の株価がかなり値上がりしたため、アクティビストは全ての株式を売却してこの問題は終了しました。アクティビストが去ったので、社長は妙に自信を深めて、いかにも自身がアクティビストと対峙した効果だと社内外で自慢していました。そのアクティビストは世襲制に対して何も指摘せず、世襲問題は社内的に話題になりませんでした。アクティビストからすると世襲制に関心が薄く、株価が上がればそれで良かったのでしょう。

私は、そのアクティビストがもっと世襲制を追求して欲しかったし、もしもあのときにそうなっていれば、会社の体質は改善されたのではないかと悔やまれてなりません。

第7章　アクティビスト

銀行や生保はアクティビストを見習え

アクティビストとは、何でしょう？　読者の皆様は、あまり良い印象を持っていないのではないでしょうか？　日本企業を狙い撃ちにして、文句ばかりつけて株価が上がったら売り逃げ、そんなイメージを持っていませんか？

アクティビストを和訳すると『活動家』ですが、この場合は『モノ言う株主』を意味します。でも、良く考えて下さい。モノを言わない株主なんて存在しますか？　私は、そんな株主は世の中に存在しないと思います。なぜなら、株主になるためには、お金を投資して株式を買う必要があります。命の次に大切と言われる貴重なお金を投資しているのだから、投資した企業に結果を求めるのは当然ではないでしょうか。

ところが、不思議なのですが、日本には何も言わない、サイレント株主がたくさんいます。代表的な例は、銀行や生保です。彼らは取引先の株式を大量に保有しているにも関わらず、株主として正当な要求をしません。株主としての意見を言うと、取引先に嫌われるからです。こんな摩訶不思議な資本関係が日本では長年に亘って続いてきたのです。今は以前よりも株式持合いは減少したとは言え、本質的に何も変わっていません。株主総会の議案には無条件で賛成、内容はどうでもいいのです。もし、取締役選任議案にメインバンクが反対票を投じたら、どうなりますか。当該企業は激怒し、その銀行との取引を切るでしょう。だから、日本企業の経営者に緊張感が生まれないのです。

銀行や生保は、所詮、他人のお金を預かっているだけ、投資リターンや投資先の経営をチェックする能力はありません。彼らは、貸した資金が焦げ付きそうになったら、手のひら返しのように資金を回収します。俗に言う、晴れた日に傘を貸して雨が降れば傘を引き揚げるという姿勢です。

一方、アクティビストはどうでしょう。彼らも第三者からお金を集める行為は銀行と同じです。ただし、彼らは決められた期間に投資家に対して一定のリターンを返す義務があります。もし、投資家の期待を裏切れば二度と資金は集められません。それは、すなわち運用ファンドとして死を意味します。ファンドの運用担当者は、銀行や生保と全く異なる次元の勝負をしているのです。

上場企業の社長にとっては、耳の痛い意見を指摘されるよりも、心地の良い話を聞く方が遥かに楽しくて楽です。安易な資本関係が日本経済界の発展を妨げていると私は思います。

アクティビストは経営にコミットすべきである

かつて、村上ファンドが勢力を奮った時期があります。阪急グループと阪神グループを合併させたのは村上ファンドによる影響です。彼が第一線を退いてから、いったんアクティビストの勢いは収まりましたが、最近は再び、勢いを増しつつあります。その中核に居るのは、海外のアクティビストです。

旧来型のアクティビストは資産売却や増配を要求する提案が多かったのですが、最近は企業運営そのものに異議を唱える傾向にあります。コンプライアンスやガバナンスに関する指摘です。私はアクティビストの意見を全て正しいと言いませんが、でも彼らの提案や主張は的を射ていると思います。

上場企業の社長は、無駄な抵抗をせずに、真摯に彼らの意見に耳を傾けて議論するべきではないでしょうか。そのくらいの器量が無ければ、社長を務める資格はありません。一方で、私はアクティビストの言動に不満を感じるときがあります。それは、彼らが少数株主である点です。少数株主ではなく、経営権を取得するレベルまで経営に対してコミットして欲しい。外野席から注文を付けるのではなく、監督として試合に臨んで欲しいと希望します。

第8章　公開買付制度

公開買付の手順

アクティビストファンドだけでなく、ある人物や組織体が企業の経営権を取得したいなら、過半数の株式を取得しなくてはなりません。金融商品取引法の定めにより、上場企業の株式を三分の一以上取得する場合、公開買付制度を利用する必要があります(株式市場を通じて株式を購入するケースや、市場外で購入するケースなど、いくつかのケースにより規定されています)。

公開買付制度とは、TOBと言われ、ある一定の価格で上場企業(A社とします)の株式を買い取る制度です。株式市場で株式を売買する際、株価は刻一刻と変化します。僅かな時間に株価が変化するのですが、公開買付だと一定期間中、ずっと同じ価格で売買できます。通常、公開買付価格は市場株価よりも高い価格に設定します。これを株価プレミアムと言います(自社株買いなど、事例によってディスカウント価格の場合があります)。

なぜ、公開買付価格にプレミアムを付けるかと言うと、買収側がより多くのA社株式を集めたいからです。市場よりも高い価格で買うから、それに応じ売って下さい、という買収する側からのメッセージです。私は、いまの公開買付制度運営に重大な瑕疵が二点あると思います。まず、一点目の瑕疵を記述します。

株式を取得する側が公開買付を決定すると、いくらの価格で買い取るのか、実施期間、目的などを記載した書類を公表しなくてはなりません。すると、A社はその書類が公表されてから、10営業日以内に賛成か反対かの意見表明をおこなわなくてはなりません。賛成か反対だけでなく、中立でも構いません。一般的に、A社の取締役会で対応方針を決定します。私が、瑕疵があると思う点は、まさにこのプロセスです。もし、A社が買収提案を受け入れると、それは『友好的TOB』とされ、逆に反対すれば『敵対的TOB』と認識されます。

現状、敵対的という用語は決して良いイメージではありません。私は敵対的という表現が適切でないと考えています。英語の HostileTOBを和訳すれば、まさに敵対的なのですが、アメリカで使われる意味と日本における意味が微妙に異なっているように私は感じます。アメリカの場合、経済取引において合意を得ていないけどあなたの企業を買収します、というニュアンスですが、日本の場合は経済取引の概念を超えて社会的「悪」のような印象を与えるのです。これは、私一人の感覚かもしれませんが、私はそのように感じます。敵対的買収を提案する側が「悪」で、仕掛けられた側が「被害者」のようなイメージです(昨今、敵対的ではなく、同意なきTOBと呼び方を見直す動きが見えます)。

そこで、買収側に視線を転じると、買収側も大きなリスクを余儀なくされるのです。公開買付をおこなうには、公開買付代理人である証券会社に手数料を支払う必要があります。例え、公開買付が成立しなくても、初期的手数料は必要です。もし、委任状の争奪戦になれば株主に働き掛ける必要があります。当然、買収資金を前もって手当てをしなくてはなりません。これらの準備に莫大な労力とコストが必要なのです。法廷闘争に発展する可能性を考慮すれば、弁護士を指名しなくてはなりません。そういったリスクを覚悟のうえで買収提案をおこなっています。

同意なき公開買付をさせない産業界の談合気質

いま、第三者が上場企業を買収する案件を検討していると仮定します。その第三者にとってＡ社の事業が非常に魅力的なのです。しかし、上場企業を買収するには、大きな資金が必要です。仮に、時価総額が５００億円の企業を買収するには30％のプレミアムだと、６５０億円の資金が必要です。株式の取得比率が半分であっても、３２５億円必要です。買収側が全額手元資金で賄うなら問題ありませんが、大半の場合は銀行から融資を受けなくてはなりません。ところが、もし、Ａ社が賛同しなければ、それは敵対的な買収案件になってしまうので、銀行は買収側に資金を融資しないのです。Ａ社経営陣は買収されたくないので主要な取引先に対して働き掛けます。当然、銀行もその中に含まれます。銀行がどこに融資するのか、融資をしないのかそれは銀行の自由ですけど、なぜ、敵対的ＴＯＢになったら資金を融資しないのか、私にはさっぱり理解できません。

いかにも社会の番人みたいに正義ぶっている銀行の姿勢が堪らなく不愉快です。

問題なのは銀行だけではありません。大手の証券会社は敵対的な公開買付の代理人にならないのです。株式の売買は証券会社による専業なので、証券会社が居なければ公開買付は成立しません。敵対的買収案件において準大手の証券会社が公開買付の代理人を務めるケースが散見されるのは、まさにこれが原因です。

私は、この現象は、明らかに見えざる「談合」だと思います。官僚や経済界を牛耳る方々から見れば、敵対的な買収が一般化すると厄介なので、銀行や証券会社が共謀して敵対的TOBを排除しています。かつて、ライブドアが追放されたのと同じ理屈で、これが、日本で敵対的TOBが少ない背景です。つまり、公開買付が表面化する前の段階で数多くの案件が消失してしまっているのです。これが、私が指摘する瑕疵その①です。

成長しない企業を市場から淘汰する仕組みづくりを

私は株式市場を活性化するためには、ＴＯＢによる買収はもっと積極的におこなわれるべきと思います。これは、株式市場だけでなく日本の経済界を活性化するに違いありません。無能な経営者の淘汰に繋がるし、前述した世襲経営の廃絶にも効果的です。最近、東京証券取引所が株価が低迷している企業に対して改善するように促しています。低迷とは、株価水準がその企業の純資産額を下回る状況を指します。いわゆる、ＰＢＲが1倍未満です。ＰＢＲが1倍未満であれば、事業を運営せずに会社を解散する方が価値が高いという現象です。このような体たらくの企業は一日も早く市場から淘汰されるべきなのです。それでも、最近ではようやく過去の呪縛から解き放たれて、買収案件数が増えつつあります。

過去の呪縛とは、16 年前に王子製紙が北越製紙に仕掛けたＴＯＢを意味します。王子製紙は徹底的に抵抗されたので、結果的に買収を断念しました。この事件以降、敵対的ＴＯＢは影を潜めました。最近、敵対的事例が増えつつあるので、私は素晴らしい状況だと思います。

この問題点を解決するには制度運用を変更する必要があります。そもそも論としてなぜ、金融商品取引法でA社が意向表明する規定があるのか、私には理解できません。これは、アメリカの制度をそのまま転用しているに過ぎません。しかし、アメリカと日本の社会的な風土や経済取引に対する概念が大きく異なっているので、日本の事情に即した対応が必要ではないでしょうか。

買収側の提案がA社の企業価値を上昇させる効果があるのか、あるいは全くその効果を期待できないのか、A社の経営陣や取締役が見解を公表する行為は意味があります。なぜなら、A社の経営実態や強み、弱みを一番理解しているからです。同時に、なぜ企業価値を向上するのか、しないのかの根拠をA社は明確にしなくてはなりません。日本企業の場合、俗にプロ経営者が不在なので、例え上場している大企業の経営者であっても、自社を離れるとほとんどの経営者は価値がありません。なので、どうしても日本の経営者は保身的になります。彼らが自分の立場を失うような買収提案に賛同する訳がありません。

それを補うものとして、社外取締役の存在が重要です。社外取締役が正しい判断をすれば、自己保身に走りがちな経営者を牽制することが可能になります。経営者から独立する委員会を設置して判断を任せる行為も可能です。しかし、日本の場合、いずれも正当に機能しません。社外取締役と言っても、所詮は経営者の顔色を気にしたり、経営者が親しい人物を選任するケースが多いからです。要するに、敵対的ＴＯＢか友好的なＴＯＢという二軸で考えるのではなく、企業価値の向上に資するかどうかで検討すべき問題ではないでしょうか。

経営者の意見ではなく株主の意見を聞くべき

次に、瑕疵その②を説明します。それは、買収提案を受けたA社の株主の判断根拠です。公開買付に応じてA社の株式を売却するか、応じないか、それは株主による自主判断です。それこそ、株主権を行使できる、またとないチャンスです。しかし、それを判断するにあたって、十分な情報が入手できるかと言うと必ずしもそうではありません。前述したように、買収側は公開買付を決定すると公開買付届出書を公表します。それを読めば、買収側の狙いや意図を理解することが可能です。A社が公表する回答を読めば、買収提案に対する考え方を理解できますが、現実問題としてA社の株主が公告を見て公開買付届出書を読むのは相当に高いハードルがあります。仮に、書類を読んだとしても、完全に理解するには更に高いハードルが待ち構えているのです。

私は、この問題に対応するには、A社が臨時株主総会を開催するべきだと思います。

買収提案を受けてから、A社は株主名簿を締めて、招集通知を送付し、株主総会を開催するまで1か月少し時間を要するでしょう。臨時株主総会にはA社経営者だけでなく、買収提案した側も出席します。まず、買収側から買収提案の根拠、背景、狙いを説明します。次に、A社経営者が自社の置かれた状況を説明するとともに、経営陣の意見を株主に訴える必要があります。両者の意見を聞けば、株主は十分な情報を得るのが可能になり正しい判断ができます。株主が正しい判断を下せるように、より分かりやすい方法で情報を与える機会を設けるのがA社経営陣の責務ではないでしょうか。

また、その場で賛成か反対かを決議する必要はありません。株主から出された意見や質問を開示するだけで十分です。

我が身を守る経営者の意見を聞く必要は無い

もう一度、整理すると、買収提案を受けたA社は賛同するか、反対するかの意向表明をしない。これが、瑕疵その①に対する改善提案です。敵対的買収が無くなれば、銀行が買収資金を融資しない理屈が成立しないし、証券会社が代理人を受けない理由が消えます。

次に、買収提案を受けたらA社は速やかに臨時株主総会を開催するように義務化します。ここで、買収側とA社がそれぞれの見解を議論することによって株主が正しい判断を下せるようにするのです。これが、改善提案②です。法改正も含めて、制度設計を根本的に見直すよう、私は問題提起します。

第9章　スタートアップの台頭

頑張れ、スタートアップ

この2年~3年、スタートアップの台頭が目立ちます。日本ではベンチャー企業と呼ばれます。東大など、優秀な大学を卒業した若者は大手企業に就職する道ではなく、自らリスクを取って起業する社会現象です。私は、素晴らしい動きと思います。

これらの企業に共通しているのは、社会のニーズに敏感で、変化に対応する即応性ではないかと思います。かつて、東大を卒業する若手にとって大手銀行が一番人気でした。その後、外資系証券会社が人気を集め、現在はスタートアップが筆頭のようです。人工知能、ブロックチェーンなどの新たなテクノロジーを駆使し、あらゆる分野に事業の芽を探しています。スタートアップに共通するのは、社内組織がフラットな点です。社員数が少ないし、事業規模が小さいので、当然なのですが社長と社員とのあいだに余計な垣根が存在しません。その分、社長のほんとの姿、生の声がそのまま社内に伝わる傾向にあります。大手企業のように社長の姿をうまく加工しないのです。下手に加工すれば、却って社員からの信頼を失う危険性があります。

スタートアップに勤務する社員は、大手企業に飽き足りずに転職してきた人たちが大勢います。それに、テクノロジーのスタッフは引っ張りだこなので、気に食わないとすぐに他のスタートアップに転職します。優秀な社員を繋ぎ留めるのは簡単ではないし、それができるかどうかが成長の命運を握っていると言っても過言ではありません。

スタートアップにとって、旧来型経営に見られる意思決定メカニズムは不要です。旧来型とは、トップダウンかボトムアップか、こういったメカニズムを指しています。社長が勝手に目標を決めたところで、社員が納得して動かなければ絵に描いた餅です。一方的なトップダウンは通用しません。大手企業みたいに面従腹背でないのです。

スタートアップでは、社員は正直に自分の思いを社長に伝えるでしょう。『あなたと一緒に仕事をする気が無い』とか『あなたの運営は間違っている』など、ストレートに社長に向かって表現します。なので、社長は社員と同じ目線で意識を共有しつつ目標設定をおこなう必要があります。定量的な目標だけでなく、定性的な面においても共通の意識を持たなくてはなりません。

どうしてかと言うと、スタートアップで働きたいと考える社員は、仕事があればどんな企業でもいいというタイプではないからです。社員も社長と同等レベルで、自社の社会的な存在意義を見出そうとしているのです。そして、社員もリスクを取っているからです。私は、スタートアップにおいてはトップダウンもボトムアップもない、融合的な意思決定メカニズムが有効だと思います。

もともと、外資系企業の組織はフラットなのが特性です。ようやく日本にも外資型経営が定着しつつあるように感じます。社内にいろんな同好会をつくって社長と社員が一緒に遊んで過ごすなど、旧来型の日本企業ではありえないスタイルです。そうかと言って、お友達感覚では企業運営はできません。お友達感覚の緩い結びつきと冷静に社員を評価する締め付けの部分との兼ねあいが微妙なコントラストを醸し出します。これをうまくやれないスタートアップの社長は、まちがいなく淘汰されるでしょう。私はスタートアップで仕事をした経験はありませんが、複数のスタートアップの営業支援や経営コンサルタントをしています。スタートアップの経営スタイルに触れると新鮮で、驚きでもあります。

そういったなかで、これからスタートアップの選別が始まるでしょう。初期の黎明期なら、人口知能と言うだけで仕事を獲得できたかもしれませんが、数多くのスタートアップが登場してきたので、自社の得意な事業領域や強みを正確に認識して、潜在顧客を掘り起こす必要があります。私は、スタートアップであればこそ、社会的意義を徹底的に追求するべきと思います。

スタートアップにもっと資金を循環するルールが必要

その次に、スタートアップが受け身になるのではなく、スタートアップ自らが新しい需要を創造して欲しいと願います。ゼロから新しい事業を興すのは並大抵の能力と努力が無ければできません。それだけでも凄い革命なのですが、それに甘んじるのではなく、世界に通用するビジネスインフラを構築して欲しいと思います。大半のスタートアップは資金不足なので、有効なタイミングで資金を集め、有効に投資するのかが生き残りの必須条件になっています。スタートアップにとってファンディングは生命線なのです。その際、重要なのはファンディング資金の属性がデット（負債）ではなく、エクイティ（資本）である点です。

デットは借りる側にとっては元本返済の義務があります。貸し手にとっては元本保証されます。一方、エクイティ性の資金は、出資を受ける側にとって元本を返済する義務はありません。資金の出し手にとっては元本保証ではありません。その代わりに、デット資金の利回りは低く、エクイティのリターンは高く設定されます。エクイティ資金は回収不能になるリスクがあります。どのくらいの資本を提供すれば、どの程度の株式（議決権）を保有できるのか、投資家にとってこの点がもっとも重要になります。すなわちバリュエーションがキーポイントです。

以前はスタートアップというだけで、信じられないくらいに高いバリュエーションがつきましたが、現在では、曲がり角にきています。投資家の中にもリスク性の高い資金を投じる以上、スタートアップに対する選別が進んでおり、私は好ましい現象ではないかと思います。多様化するスタートアップと資金の提供元が相俟って将来有望なスタートアップが誕生するよう大いに期待したいと思います。

残念なのは、日本のメガバンクはこの領域での存在感は非常に希薄な点です。これはメガバンクに限った現象ではなく、地方銀行も同様です。彼らも事業投資をおこなっていますが、微々たる資金量です。彼らは、ファンドに資金を提供するだけで、自らスタートアップを選別投資しません。長年、元本保証のビジネスしかやっていないので、エクイティ資金のバリュエーションができないからです。でも、デット資金が絶対に元本保証されるかと言うとそれほど甘くありません。日本航空が破綻したのはつい最近です。デット資金でも焦げ付くのです。

エクイティ資金は提供しない、デット資金は担保主義、これが日本の銀行が主戦とするビジネスモデルです。このモデルは限界に達しているにも関わらず、これを変える気配はありません。自ら変化できないのでしょう。銀行は常に横並び志向、A行が融資するから、我々も融資しなくてはシェア争いで負けるというレベルの判断能力しか持っていません。悲しい。

第10章　メガバンクの致命的なミス

予定調和で成り立つメガバンクの経営

日本では、メガバンクの社会的地位が高い。社会的地位とは、安定企業というイメージであり、大学を卒業してからメガバンクに就職すると『いい会社に入った』と家族や周囲から祝福されるいう意味です。

しかし、果たしてそうでしょうか、筆者は大いなる疑問を禁じ得ません。私が疑問に感じるのは、優秀な学生を大量に採用し、そのほとんどの人材を無駄にしている点です。毎年、数多くの若者が銀行に入社します。みんな偏差値が高く、世間的に優秀と評される大学ばかりです。最近は多様性の一環として、地方大学や私立大学へ積極的に採用範囲を拡大しています。かつてのように一線級の国立大学や有名私立ばかりではないようです。それでも、それぞれの大学で成績優秀な若者の集団と言えます。例え、大学を多様化しても、入社する社員は多様化していなくて全員が同質でエリート社員を自認する人たちばかり。では、どのような無駄な現象が起きているのでしょう。

メガバンクの社員は全員が管理職を目指します。将来、支店長を経由して執行役員や取締役を目指して若い時期を過ごします。とても上昇志向の強い集団です。自分が出世するには、同僚などのライバルを蹴落とす、上司に気に入られるのがもっとも着実で堅実な手法です。自分の成果を過大に報告する、失敗や営業失注は過少に報告し他人のせいにする。あるいは、都合の悪い情報を報告しない。こういった行為が日常茶飯事で行われます。

製造業の場合は生産技術や研究開発、あるいは営業、人事総務など、職種ごとに仕事の内容が異なるため、異業種間での社内競争原理が働きにくい面があります。しかし、銀行業務の場合は全員が同種の仕事をするので、壮絶な競争原理が働きます。銀行員のエネルギーは外向きではなく、内向き志向になり、必然的に顧客優先ではなく社内外交を優先する企業風土が醸成されます。

次に、メガバンクが犯している大きなミスは、若い時期から将来の幹部候補生を絞り込んでいる点です。入社して数年のうちに、場合によっては入社の内定段階から選別される事例があります。どのような基準で、彼が（彼女である例は稀です）選別されるのか、学歴、入社時の面接結果、バックグラウンド（家柄など）、複数の要因が介在します。いったん、エリートに選別されると、いかにしてその社員に実績を積ませるか、銀行内部で演出が始まります。

私は以前、メガバンクと海外企業を買収する案件を進めた経験があります。私は買収側の企業に勤務しており、メガバンクはアドバイザーと買収資金の融資をする役割でした。当然ながら、海外企業と意思疎通するときは英語だし、被買収企業のアドバイザーも海外企業なので英語は必須条件です。

初めて関係者全員が会議した際、メガバンクの担当者は一言も話しませんでした。仕方なく、私が先方のアドバイザーや被買収企業の社長と議論しました。あとで別の担当者に聞いたところ、その担当者は英語を話せないことが分かりました。なぜ、英語を話せないのに、海外案件を担当するのかを尋ねると、海外案件を成功させたという実績が彼には必要なので、この案件の担当者に選任されたと聞きました。彼は若いうちに選ばれし社員として、厚遇を受けているのです。これこそ、まさに外向き志向ではなく、内向き志向の典型事例ではないでしょうか。そのような社員と一緒に仕事をするこちらはたまったものではありません。

案件を進めるうえでトラブルや想定外の事態が起きるケースがあります。その担当者の言い訳は天才的に上手で、また、私の上司に直接アプローチするなど、営業外交は優れているものの、英語を話せないだけでなく、基礎的な業務知識に欠け、誠実な態度は見られませんでした。

私は人間の能力は、決して単純ではなくとても多様性があると考えます。個人によって能力を最大に発揮する年齢や環境が異なるのではないでしょうか。20歳前半からリーダーシップを発揮する人もいれば、もっと年齢を重ねてから能力を発揮する方もいます。あるいは、与えられた立場や役割に応じて成長していく社員もいます。それらを総合的かつ多面的に人物評価と能力評価を公正におこなう必要があります。

それに比べて、早期にエリート社員を選別するのは安易で怠惰な人事施策と言えます。特に、同質の大学卒で固めたホワイトカラーの中から選別すのですから、尚更、周囲が納得するような明確な基準が重要です。このような馬鹿げた仕組みにより、数多くの潜在的能力を有する優秀な社員を飼い殺しにしているのです。同質社員による壮絶な戦い、ごく一部の選ばれしエリート社員の実績づくり、いずれも顧客志向を逸脱した内向きベクトルの代表例です。

摩訶不思議な定期人事異動

もう一つ、私が理解できないのは、メガバンクの転勤です。だいたい、2年か3年に一度、メガバンクでは社員を異動させます。異なる職種に異動する場合もありますが、単に支店が変わるだけの異動が常態化しています。勤務期間が長くなると顧客と癒着関係になって不正の温床になると解説する人が居ます。顧客と取引する期間が長引くと、どうして不正の温床になるのか、こんな奇妙な理由はありません。むしろ、長い期間に亘って取引すれば顧客からの信頼を得て、安定した取引ができるのではないでしょうか。たぶん、メガバンクにとって都合の悪い事態が起きたときに社員を異動させるのが好都合なのでしょう。その証拠に、頻繁に人事異動しても、決して不正は無くなりません。仕組み債を販売して顧客に迷惑を掛けたとか、いったん、線引きして新たな取引を続けるための巧妙な手口です。

そもそも、銀行業務は既に社会的な意義を失いつつあります。決済など伝統的な役割はこれからも継続するでしょう。しかし、長年続いた低金利時代に銀行の収益体質は棄損するとともに、従来型の事業モデルでは存続が危ぶまれます。本来であれば、将来の銀行業務を新たに構築しなくてはならない環境なのに、その気配はありません。

私は、支店勤務や管理部門などの人事採用と企画部門の人事採用を区別するべきと考えます。すなわち、支店勤務や管理部門の人材は基本的に転勤を伴わず、異動するにしても小規模の異動に留めます。一方で、企画部門の人材は海外の金融機関とのパイプづくりや新たな金融モデルを構築する役割を担わせます。すなわち、社員の二層化を推進するべきです。

そうすれば、高コストの人件費を低減し、無用の人事競争を避け、そして、事業モデルの再構築を可能にするのです。転勤に必要な莫大なコストを削減すれば、もう少し銀行の利益率が向上すると思います。

さらに、私が疑問に感じるのは、銀行から取引先への天下りです。通常、メガバンクでは40歳代の半ばで支店長にならないと、取引先に出向させられます。最初は出向ですが、すぐに転籍となって銀行籍は消失します。銀行にとって、取引先との関係強化、取引先の経営状況チェック、銀行本体の人件費低減、まさに一石三鳥の仕組みです。

一方、受け入れ先の企業にとっては、銀行との関係強化によって融資を受けやすくする狙いがあります。しかし、金銭の貸借は人的関係によって斟酌するものではありません。融資先企業の事業を厳正に審査したうえでおこなうべきものです。受け入れ先にとってもメリットがあるとは言うものの、役立たずの銀行員を押し付けられる側はたまったものではありません。実際、事業会社にとって銀行員を受け入れた結果、誤算である例が非常に多く見受けられます。銀行員はお金の動きに精通している筈だ、という甘い認識で受け入れたら、ほとんどの銀行員は経理業務や財務を知りません。M&Aの実務に長けている訳でもありません。大抵はお飾り役員です。

過去の遺物ではない護送船団方式

最近、SDGsやESG経営がエクイティ投資家にとって、重要な投資基準になりつつあります。環境認識に欠ける企業は投資対象にならないため、企業価値が向上しないのです。私は、銀行や監督官庁から取締役、社長を受け入れている企業に投資しない基準を設けて欲しいと願います。こういった癒着関係が企業が活性化しない原因の一つだからです。かつて旧大蔵省が主導した『護送船団』方式が亡霊のように、日本の金融界を牛耳っているのです。

例えば、テレビのコマーシャルを想い出して下さい。製造業のＣＭはいかに自社の製品が優れているかを視聴者に訴えます。価格が安い、品質が良くて長持ちする、他社製品に比べてデザインが洒落ているなど、自社製品の優位性をアピールします。そのために、巨額の費用を投じています。

一方、銀行のＣＭはどうでしょうか。父親と娘が自宅の縁側に座って、家族の未来を語り合うシーンなど、銀行が提供するサービスとどんな関係があるのか理解できません。銀行の本来業務である、社会インフラとしての機能をアピールして欲しいし、元本を保証しつつ預金者に対して、いかに良い金利で報いるかの戦略を伝えるべきではないでしょうか。

また、預金をどのような分野に投資しているのか、融資の振り向け先はどうなのか、ＩＲと違った観点で自行の独自性、優位性を訴えて欲しい。『ＯＮＥ〇〇〇』と言えば言うほど、一つになっていない証拠だし、あくまでＯＮＥになるのは銀行内の理屈であり、ユーザーと一体になる意味ではありません。ほんとに摩訶不思議な集団です。いったい、各銀行の違いはどこにあるのでしょう。受けるサービスはＡ銀行でも、Ｂ銀行でも同じ。商品構成も預金金利も同じ。これほど、奇妙な業界は他にありません。

更に、私が疑問に感じるのは、銀行トップの名称です。なぜ、「社長」ではなく「頭取」と呼ぶのでしょう。自分たちは特権階級だと誤解しているに違いありません。明治時代は特別な存在だったかもしれないけど、今や巨体を持て余すだけ、絶滅寸前の恐竜である点を認識して下さい。

担保主義が成長を妨げる

この現象は必ずしも銀行の責任ではありません。銀行を管理監督する金融庁の存在がそうさせているのです。金融官僚の頭は、銀行が上位にあって証券会社は下位に位置付ける図式です。彼らは、銀行の配下に証券会社を置く構図を国是としてきました。実際、大手証券会社の一角である日興証券は三井住友銀行グループだし、かつての国際証券は三菱ＵＦＪ銀行グループに組み込まれています。独立を維持している大手証券会社は野村證券と大和証券の2社しかありません。

逆に、欧米では商業銀行よりも投資銀行の方が高いポジショニングに位置します。商業銀行とは、日本で言う銀行です。投資銀行とは証券会社を意味します。証券会社の重要な業務の一つは、債券や株式を引受けて、投資家に販売することです。債券については、国や地方公共団体が発行する債券のほか事業会社が発行する債券もあります。証券会社が株式を引受けるときに事業会社から担保を取りません。すぐに、投資家に販売するからと言って、リスクがゼロになる訳ではありません。引受けた株式が転売できなければ証券会社が自社で抱えるしかないのです。これを『募残』と言います。株価は常に動くので、投資家に販売している最中に値下がりするケースも起きます。実際、バブル末期は事業会社から引受けた株式の大半は売れ残った歴史的事実があります。

証券会社はどんな株式でも引受ける訳ではありません。その事業会社のビジネスモデルを解析し将来の事業戦略や業績動向を分析したうえで、かつ適切なプライシングに基づいて株式を引受けます。万全な仕組みではありませんが、これが資本主義のダイナミズムです。

通常、銀行は融資先から土地を担保に取ります。銀行は企業の事業に投資しているのではなく、土地が持つ価値をもとに融資業務を展開しています。これでは、事業とともに歩む資本主義のダイナミズムは生まれないし、金融技術でリスクをヘッジするテクノロジーは向上しないのです。ここに日本の銀行業務の限界があります。銀行は自ら、そのダイナミズムを見殺しにしていると思います。

第11章　DX推進

DXを経営の棚卸に利用しよう

DXとは、デジタルトランスフォーメーションの略語です。最近、マスコミをはじめ、この単語を聞かない日はありません。ITを駆使して業務を効率化し無駄を無くそうとする動きです。素晴らしい取り組みですが、なかにはDXをやれば何でもうまくいく、とにかくDXだ、と掛け声を掛ける社長がいます。問題意識を持たない経営者より良いかもしれませんが、重要な点を見落としています。

重要な点とは、何のためにDXを推進するのか、目標設定が曖昧なのです。何となく仕事が楽になるだろう、という程度の認識ではいけません。目標を設定するには、自分の会社にどのような経営課題があって、それを改善して何を得たいのかを明確にする必要があります。その前提になるのは、組織論でしょう。つまり、自社の経営目標を達成するには、どのような機能が必要なのかを決めなくてはなりません。その機能を実現するのが組織です。

組織を動かすうえで、無駄な作業や意味の無い業務が無いのかを点検し、改善するのが重要なのに、日々の業務に追われていて、改善活動に移すのは困難です。なぜ、その業務が必要なのかを考えず、漫然と対応している例は、どのような企業でも、どのような職場でも日常茶飯事に見られる現象です。昔からこうやっている、自分が引継ぎを受けたからその通りに作業している、といったものです。社長はルーティン化している業務の棚卸をして、部門長に結果報告をさせなくてはなりません。その結果、部門長が問題意識を持つようになり、社長も組織運営の問題を把握できます。

現場が抵抗するからＤＸが進まない

ＤＸとは単に業務を効率化するだけが目的ではありません。個々の判断をおこなう際に、より適切な判断材料を提供する役割があります。ＡＩを駆使して将来予測モデルを構築し、アナログ頭脳をデータに基づくデジタル頭脳に切り替えるのがＤＸです。過去に蓄積された膨大なデータを分析すれば、甲という条件が揃えばＸになる、あるいは条件が乙に変わればＹという結果を招くというように、相当に高い確率で予測できます。業務効率化に加えて、コスト構造の見直しにも繋がります。人間はミスを犯すという前提に立てば、自ずとＤＸに取り組む意義が理解できるのです。そして、○さんしかできない業務を平準化し業務の共有化を図るべきです。

例えば、料理をつくるときに、料理人ならではの感覚があるかもしれません。僅かな火加減や味付けによって味わいが変化し、それが料理人の価値になります。芸術にも同じような現象があるでしょう。しかし、企業運営は感覚ではなく、数値で判断すべきものです。

ＤＸを推進するうえで、最大の障害は現場の抵抗です。業務の効率化を図れば、今までその仕事を担当していた社員は不要になります。自分の仕事が無くなるかもしれないのに、現場が率先してＤＸを推進する筈がありません。企業運営上、割愛できる業務であっても、その社員にすれば生活基盤を脅かされるのです。ですから、いろいろ理屈を並べてＤＸの推進にブレーキを踏みます。

社長や部門長は、ＤＸを現場任せにして、あとはＩＴ業者と現場がプロジェクト的に検討を進めるのが、一般的に見られる推進手法です。ところが、成果はゼロ回答になったり、途中で案件が中止になったりするケースが良くありません。なぜ、そのような結果になるかと言うと、現場の抵抗なのです。経営陣は現場が抵抗勢力にならないよう、十分にチェックして下さい。正しく得た情報を正しく分析し、正しい判断をおこなう、これがＤＸの本来の意義ではないでしょうか。

第12章　社外取締役

社外取締役コミッティの設立を！

この数年、社外取締役を置く上場企業が増えています。これは、証券取引所が定めるコーポレートガバナンスコードにおいて、企業経営者から独立した取締役を配置するよう奨励されているためです。実際、時を追うごとに社外取締役を設置する企業数は増えています。

また、女性の社外取締役も増えつつあります。素晴らしい傾向だと考えますが、企業運営の実態から見ると、道半ばの印象が強いです。社外取締役を設置した効果に伴って取締役会で活発な議論がされているのか、私は懐疑的な見方をしています。取締役になるには、株主総会で選任してもらう必要があり、そのために、企業側がまずもって取締役を選任する必要があります。どうしても、社長の息のかかった人物や当該企業と親しくしている人物が優先的に選任されるのは当然の流れかもしれません。それでも、生え抜きの取締役で固めるよりも、私は良い傾向だと思います。

問題は、社外取締役を置く措置により、少しでも企業運営が活性化し、ガバナンスの利いた経営が可能になるか、です。社外取締役が社長と親しいとか、利害関係の有無など、外部からでは把握できません。親しさ度合いを計数化するのは不可能です。社外取締役の能力を点数で表すのは無理です。また、過度に保守的な社外取締役がいるケースもあります。自分に火の粉が降りかからないよう、設備投資案件やM＆A案件に対して、とにかく慎重な意見しか言わない、条件付き賛成など、企業の持つ積極性にブレーキを踏む現象が散見されます。

私は、社外取締役を設置するメリットは、社長に対してきちんと意見を言える点だと考えます。社長に対して面と向かって、正々堂々と自分の意見を言える生え抜き役員は皆無でしょう。よほど、その役員が変わり者か、社長が大物かのいずれかです。ましてや、その意見が社長と一致しない場合、活発な議論は起きません。

それに対して、社外取締役はそうではありません。なぜかと言えば社外取締役は出世コースに無縁だからです。社長の評価を気にせずに、自分が正しいと思った意見を発言できるのが社外取締役の強みのはずです。それでも尚、日本的な調和において、社外取締役が堂々と意見を述べているかと言うと、必ずしもそうではありません。やはり、役員報酬を受け取っていれば、多少の遠慮が働くのは火を見るよりも明らかです。

どうすれば、社内の議論が活性化し社長の独断、優柔不断を防ぐことができるのか。同時に、社外取締役が本来の役割を果たしているのか、それらをチェックするには、どうすればいいのでしょうか。

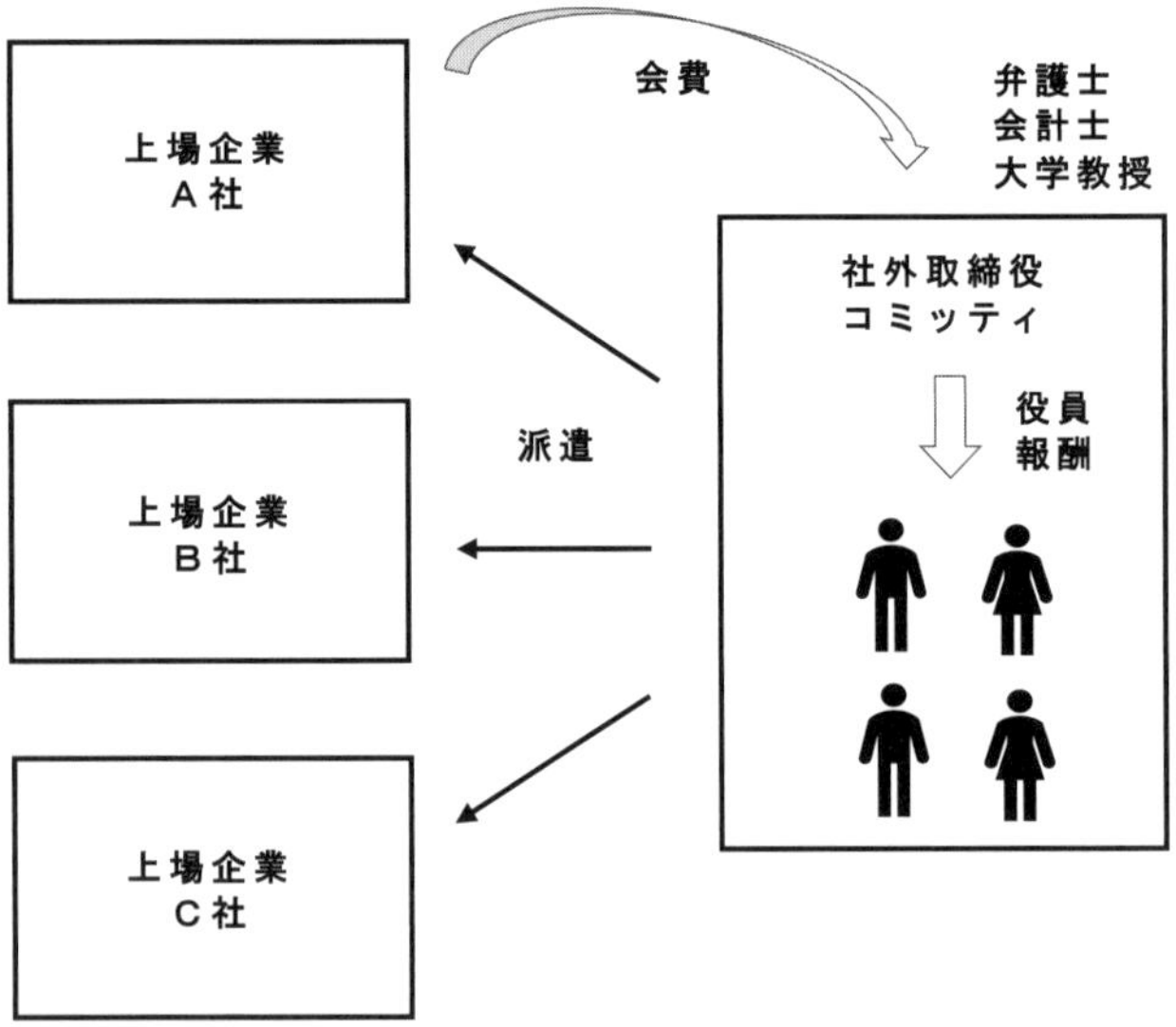

図３　社外取締役コミッティの仕組み　（著者作成）

私は、「社外取締役コミッティ」を設けるべきだと提案したいのです。これは、公的機関として位置付け、全上場企業が年会費を払って、コミッティの運営費用とします。このコミッティに登録できるのは、弁護士、公認会計士、大学教授だけに限定し、企業関係者は排除します。そして、登録メンバーの中から無作為で抽出された人物が社外取締役として派遣されるのです。社外取締役は企業から役員報酬を受け取らず、コミッティが代わりに役員報酬を支払います。こうすれば、企業と社外取締役との癒着関係を排除できます。荒唐無稽な考えだと思うかもしれませんが、このくらいに中立な立場の人物を選任しないと本質的な議論は期待できません。

議事録の開示義務

さらに、もう一つ提案があります。上場企業は取締役会の議事録を開示するべきだと私は思います。会社法では、3か月に1回、取締役会を開催する義務がありますが、大抵の企業では毎月開催しています。今のように経営環境が目まぐるしく変化するなかで、3か月に1回の頻度では会社の重要事案を決めるには少なすぎます。

会社法では、取締役会の議事録を作成する義務があります。私は、この議事録を有価証券報告書に添付すべきと思います。議事録には、誰がどのような発言をしたのか、正確な記録が残ります。株主や投資家はそれを読めば、取締役が自分の役割を正しく果たしているのかチェックできます。外部に対して開示義務を持たせれば牽制機能が働きますし、取締役を選任する際の評価基準になります。

ただし、M&Aや新商品開発などのインサイダー情報は、その部分を割愛する必要があります。新株発行のように、ダイレクトに株価に影響を与える事案も該当します。有価証券報告書を四半期ごとに開示しますので、そういった情報は次回の有価証券報告書で開示すれば良いと思います。

第13章　企業経営とは

最近、話題のパーパスを考える

経営とは何でしょうか。この議題だけで一つの学問になるくらい大きなテーマです。私は企業経営とはソフトとハードの両面から構成されていると考えています。ソフトとは、企業文化、働きやすさなど、目に見えない要素で構成されます。

一方、ハードとは数値です。ソフト面は人によって感じ方や捉え方が異なります。自分の職場は働きやすいと思う人もいれば、逆にそうでないと感じる社員がいるでしょう。企業文化を表現する手段として社是やキャッチフレーズ、スローガンなどがあります。これらは非常に大事であり、昔風に言うなら、コーポレート・アイデンティティです。最近では、パーパス経営と言われます。我々の企業は何のために存在するのか、存在意義を確認する作業を指します。単にモノを作って、それを売って、という営みが企業経営の全てではありません。何のためにその製品を作って、販売しているのか、根源的な意義を見つめ直す動きです。社会に貢献しているのか、環境を壊していないか、これらも重要な視点です。社員一人一人の感じ方や考え方が異なるのは当然です。国柄、言葉、性別、年齢、生い立ちが異なれば、判断基準も異なります。

昨今、多様性という言葉が定着していますが、それは社員だけではありません。ユーザー、市場が多様化してきたので、企業もそれに対応しないと正しい判断ができなくなるからです。それだけに、企業のコンセプトを明確にする必要性が高まってきたように思います。それを明確にするのは、社長のもっとも重要な役割の一つです。

ソフト面に比べるとハード面は、もう少し分かりやすいメッセージです。数字は誰が見ても同じです。ある人が見たら100だけど、別の人が見たら99という現象は起きません。誰が見ても、100は100なのです。数字はとても正しく企業の実態を説明します。そこには、経営者の姿勢とポリシーが出ます。放漫な経営、堅実な経営、数字は経営の全てを物語ります。これらは、会計学のジャンルで取り扱う材料であり、経営学より守備範囲が狭くなります。

数字は経営の実態を正直に語る

私が、企業を診断する場合、次の点に注目します。M＆Aを検討する際も同じ基準です。まず、①売上高と利益。これらは、トップラインとボトムラインと言われます。売上高対比の利益額が、利益率です。企業経営にはお金が必要です。モノを製造するために材料を仕入れる必要があるし、設備を購入する必要もあります。これらのお金＝コストを差し引いて残るのが利益です。私は、赤字経営は経営でないと思います。創業直後に赤字なら、まだ理解できます。また、突発的な事象によって1期間赤字に陥る事態もあるでしょう。まさに、コロナのような現象です。

しかし、2年、3年も赤字経営が続くのは社長として明らかに失態であり、その社長は退任するべきです。例え、社会的意義がある企業であっても、赤字が許されるものではありません。なぜなら、やがて自己資本が枯渇するからです。第三者が出資すれば、自己資本は増加しますが、赤字が続けば、やがて食い潰します。

私は、売上高と利益の次に、②自己資本＝純資産の額を見ます。剰余金がマイナスや少ない企業は過去に赤字を出してきた証拠です。バランスシートは嘘を言いません。企業経営の歴史を正直に物語ります。私は、剰余金がマイナスの企業経営者を信用しません。どのような事情であれ、放漫な経営をしてきた証拠です。

有名な企業ほど自律できない痛ましい事実

次に、③現預金、有利子負債、減価償却に注目します。これらも非常に重要な指標です。有利子負債が大きい企業は信用できません。それは放漫経営だからです。私は電鉄や電力会社、航空会社が巨額の負債を抱えているのが不思議でなりません。この業種は設備投資額が大きいので、その資金を銀行から借りる必要があるのです。これらの企業に共通するのは、日々のお金が入る点です。月末払いではなく、当面の資金はその日に回収できるため何とか会社は回ります。それにしても、1兆円を超える借金を抱えながら、よく社長然としていられるものです。私は、その図太い神経に敬意を表します。秘書がつき、黒塗りの社有車に乗り、偉そうな顔をして会議に臨む。経済団体の要職に就く。その前に、自分がどんな経営をしているのか、胸に手を当てて自問自答するべきです。これこそ、私は放漫経営の極致と断定します。

電鉄、電力は公的機関なので、経営破綻したときの影響は計り知れないものがあります。それだけに私は財務規律が重要だと思います。放漫なのは企業側だけでなく、銀行も同様です。電鉄や電力に対しては、水道の蛇口を締めず、いくらでも融資します。私が言う、馴れ合い構造、癒着の構造です。電鉄や電力の経営者は、借金ありきで経営を考えています。と言うよりも経営というものを真剣に考えていません。

いま、自社がどのような状況に置かれているのか、偏差値の高い大学を卒業し、エリートと言われるのに、ごく単純な数値を理解できずにいます。かと言って、負債ゼロ、手元に現預金がたくさん保有しているのが良いかと言えば、決してそうではありません。これも、無能な経営者の典型例です。

うちの会社はキャッシュリッチだから安全だとか、優良企業だと考えているなら、即刻、社長を辞任するべきです。なぜ、手元資金が厚いと無能なのか、それは資金の使い道が分からないからです。設備投資や新商品開発、M&Aなど、企業にとっての成長投資は非常に重要です。手元資金が潤沢なのは、そういった成長投資をしていないからです。自慢をしている場合ではありません。

真面目が第一

これらの財務数値と並び、④売掛金と買掛金に注目します。売掛金とは、すでに販売したにも関わらず、資金回収できていない金額です。買掛金は自社が購入した材料の費用を支払っていない金額を意味します。業界によっていろんな商慣習があるので、標準的な目処は存在しません。また、一概に金額が大きいのは悪いとも言えません。しかし、私はこれらの金額が大きい経営は好きではありません。販売した金額は適正に回収する、購入した金額は早めに支払う、これが経営の原点ではないでしょうか。私は、脇の甘い経営ではなく、規律ある経営が好きです。

私は、もう一度、自問自答します。『企業経営』とは何でしょうか。これを考えるにあたって、改めて社長の役割について考察したいと思います。

第14章　社長の役割

社長の器以上に会社は大きくならない

社長の役割とは、何でしょうか。あまりにその守備範囲が広くて簡単に説明するのは容易ではありません。敢えて単純化すると、社長のもっとも重要な役割は企業を成長させることだと思います。

私自身、長い期間に亘ってサラリーマンをやってきました。会社が成長している時期は、組織が増え、それに伴ってポストが増えます。利益が上がれば給与や賞与が増えます。このような時期は社内の不協和音は消えて、社員が必死に前向きに働くものです。様々な問題が起きても、勢いで解決できます。

それに対して、会社の業績が悪くリストラが始まると、一気に会社の雰囲気が悪くなります。賞与は出ないし、ポストも増えません。前述したように、私は外資系金融機関に勤務していた時期、リーマンショックにより大量の社員を解雇した経験があります。

また、私は若い頃、機械メーカーに勤務していましたが、ちょうどその時期、猛烈な円高が始まり、輸出産業は大きな打撃を受けました。オイルショックが収まったあと、昭和50年代の話です。まだ、日本の製造業が生産拠点を海外に移転する前でした。私が勤務していた企業は輸出依存型だったので、業績が急激に悪化しました。私は人事部門に居た関係で、工場閉鎖や製造ラインを合理化する都度、現場従業員の再就職先を斡旋しました。企業は成長しなくてはならない、とそのときに痛感しました。

前を向いて走るのは簡単ですが、後ろ向きに走るのは非常に大きな困難を伴うものです。そういった逆風が吹けば吹くほど、社長のメッセージ性が重要ではないかと思います。社長のメッセージ性とは、企業理念です。我々の企業は何のために存在するのか、その点を社長自ら考え、自分の考えを社員全員に理解させなくてはなりません。

売上が減り、利益が出ない経営環境なのに、そんなに悠長な話をしている場合じゃないとお叱りを受けるかもしれませんが、私はそう思いません。苦しい時期ほど、社長の存在は大きくなるのです。社員を鼓舞し、戦略を練って事業を開拓する、これこそ社長の役割です。次に、社長が果たすべき役割は、より具体的な目標設定です。

経営は宗教ではありません

日本は大企業でも、ゴールセッティングがありません。私はこれまでに数多くの経営者や取締役クラスと接点がありましたが、自分の言葉で明確にゴールセッティングについて説明できる方は数少ないです。ほとんどの上場企業は中期経営計画を公表しています。数値目標も設定しています。これこそ、ゴールセッティングではないかと思うかもしれませんが、大半の中計は現在の事業モデルの延長線上にあります。

それが決して悪いと言いませんが、読んでいてワクワクしません。この企業はどのような成長を遂げるのだろう、とか成長の未来図が明確になっていません。抽象的な言葉で説明する人はいます。『社会に必要とされる企業を目指す』、『社員が働きやすい会社にしたい』などは理念であって戦略ではないのです。『感謝の気持ちを大切にする経営』と言われても、誰が誰に感謝するのか、良く分かりません。社長がこのような不明確なスローガンを言い出すと、部下はそれを制御できません。

図4をご覧下さい。企業理念を設定すると、それをより具体的な戦略に落とし込むプロセスが必要です。定性目標とは、すなわち自社がどのような事業領域で成長するのか、事業ドメインを中心に将来図を示すものです。既存の事業領域でも構わない、新規の事業領域でも結構です。仮に、新規の事業領域を成長のドライバーとして位置付けるなら、その事業内容を説明し、なぜ、その事業領域を選んだのかを明確にしなくてはなりません。漠然と新しい事業を伸ばすと言っても、社員や株主にとっては何をしたいのか理解できません。市場の将来性や経済環境を予測し、どのような手を打つのかが必要不可欠です。定量目標とは、言うまでもなく数値目標です。売上高、利益のほかにＲＯＥや投資額などが含まれます。

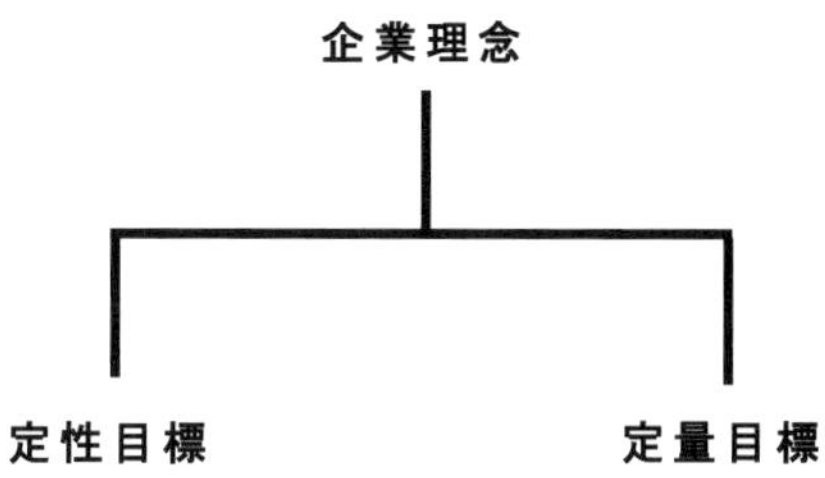

図４　企業理念合成図　（著者作成）

図5をご覧下さい。4つの象限のうち左下は、既存の市場で既存のサービスを提供している企業です。非常に危険な状態と言えます。少しでも利益が出ていれば、この象限に留まっていたいでしょう。それは分かります。しかし、現在のビジネスモデルを維持しながら、一日も早く次の手を打つ必要があります。それは、三つの象限です。①既存の市場で新しいサービスを提供する、②既存のサービスで新しい市場を開拓する、最後に、③新しい市場で新しいサービスを提供する。自力でできなければ、M&Aによる手段が有効です。

これまで、私がお付き合いした経験で言うなら、まず、社長は事実を正確に理解するのが最重要課題です。社長が事実を理解していないなんて有りえないと思われるかもし

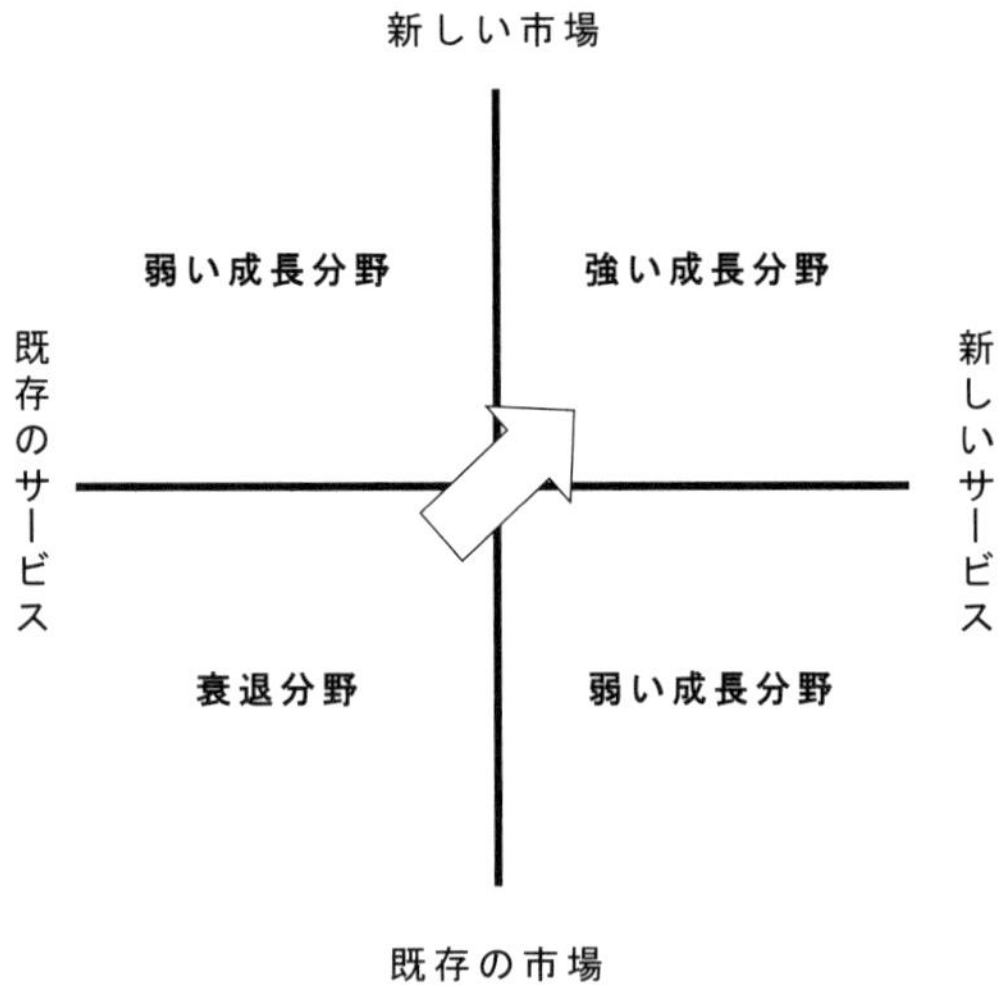

図5　成長マトリックス　（著者作成）

れませんが、意外にもそうでないのです。原因はいろいろあります。部下が都合の悪い情報を報告しない、部下は報告しているのに社長が事実として認識しない、などが挙げられます。実は、社内でもっとも正確な情報に疎いのが社長かもしれません。

どんな状況であっても、社長は正しく事実関係を把握しなくてはなりません。全てはそこから始まります。間違った事実認識をもとに正しい経営判断を下せる訳がありません。

その次に、次の打ち手を考えて下さい。それが、社長にとってもっとも重要な役割です。

まとめとして、私が本書で提案している四つの改善案を示します。

提案①

中立的な第三者委員会を設置し、社長と取締役の選任基準を規定した上で、公表を義務づける。定時株主総会で社長をはじめ、取締役の過去1年間の実績を定量的に評価し公表する。

提案②

上場企業が買収提案を受けると、臨時株主総会を開催して株主の意見を聞く機会を設けるよう、法改正する。買収提案を受けた企業が、買収提案に対して賛成か、反対かを表明する必要はない。敵対的買収という概念を無くせば、上場企業に対する買収行為が増えて、上場企業の整理淘汰が進む。

提案③

「社外取締役コミッティ」を設立し、その登録メンバーから上場企業に対して社外取締役を派遣する。登録メンバーは、弁護士、公認会計士、大学教授に限定し、企業経営者は除外する。

提案④

取締役会の議事録を有価証券報告書に添付して公表を義務づける。

以上の提案は、上場企業を対象にしています。私は、本音を言えば社長の奮闘に期待したいのですが、社長が自ら企業改革をおこなうアクションを期待できません。そこで、このように制度規範で活性化を促進するほか方法がないと考えたのです。東証、金融庁、経済産業省、弁護士会など、多方面の方々が共感して頂くように願います。

あとがき

私は長年に亘り、金融機関でＭ＆ＡのＦＡ(Financial Advisor)として、数多くの案件に関与してきました。その後、事業会社に入社し、今度は買収側の担当者として国内、海外の企業買収の案件を進めました。

また、買収後の効果を更に発揮する作業であるＰＭＩを担ってきました。これら様々な案件に関与するプロセスにおいて、経営がいかに奥の深いものかを学ぶとともに、その多様性や難しさを認識しました。Ｍ＆Ａ業務だけでなく、いくつかの企業の経営コンサルタントとして、事業戦略の立案、遂行、ＤＸ推進などの経営改善にも取り組んでいます。

私のクライアントの依頼により、合併などのパートナー探しをした経験があります。

そういったなかで、問題意識の高い企業とそうでない企業との格差が非常に大きいという印象があります。ここで言う、問題意識とは自社の現状に甘んじるのではなく、常に自社の課題を認識してそれを改善しようとする姿勢を意味します。企業の社長自ら陣頭指揮を執って現場に赴くタイプもいれば、現状維持しか考えない社長がいます。私の印象だと、圧倒的に前者よりも後者が多いと感じます。

また、前者のなかにも分類分けができるようです。現場のこまかいオペレーションに口出しをする、社内のイベント運営に横やりを入れるなど、枝葉末節タイプが目立つのです。私は、あるクライアント企業の社長と一緒にアメリカの株式投資家とミーティングした経験があります。所謂、ＩＲです。その社長が自分の提案により現場の改善が進み、コスト削減に成功したと自慢げに説明しました。すると、その投資家は笑いながら「あなたは、まるで現場の所長のようですね」と応えました。それは、必ずしも嫌味ではなく、親しみを込めたコメントだったのですが、現場改善は、社長の業務ではありません。社長の役割とは、前述したように企業文化を語り、戦略を示す行為なのです。その投資家は社長がそれをやっている上で、現場運営もできると思ったのですが、実態はそうではなく単に現場所長レベルでした。

『事業売却はもう少し情勢を見てから検討しよう』とか『M&Aには時期尚早』など、取り組みたくない理由はいかにも合理的に聞こえるものです。取締役や部門長は社長の前だとお追従を述べるだけで、自らリスクを被るような行為をしません。こういった現象に危機感を抱いたので、私はこの本を書こうと決心しました。過去の旧弊に拘り、現状維持に汲々とする経営者がいかに多いか、私はこのままでは日本企業から勝ち組がいなくなって、気が付けば、海外で全く通用しない負け組ばかりになるような気がします。いいや、既にそうなっています。自社の企業価値を上げたいという強い意識を持って欲しい、これが私の願いです。よく『うちには人材が居ない』と社長がぼやくときがあります。でも、それは全て社長の責任です。人材が居なければ採用すれば良い。これまでに人材を育ててこなかった自分の責任です。それをあたかも周囲がバカだから仕方ないという表現は逃げ口上以外の何物でもありません。まさに、社長の器(能力)以上に会社は成長しないのです。

この本のタイトルは『経営企画部が会社をダメにする』です。しかし、会社をダメにするのは、経営の根幹を成す事業戦略を経営企画部に丸投げする無能な社長です。自社の社会的な存在意義を語れない、経営コンセプトを持たない、このような社長が企業成長の芽を摘んでいるのです。残念ながら、当の本人は全く気付いていません。本当に不幸な現象です。

経営者の皆さん、一日も早く目覚めて下さい！

完

伊門朔

1953年
大阪生まれ(70歳)

1978年
神戸大学経営学部卒業、同年　大手機械メーカーに入社

1987年まで9年間
人事労務部門に在籍

1987年
国内大手証券会社に入社

2011年まで24年間
主に投資銀行本部でIPO,M&A等、数多くの案件を担当

2011年～
大手物流会社、住宅メーカーなどで国内・海外のM&A案件を担当

2018年
経営コンサルタントして独立、現在に至る

経営企画部が会社をダメにする
2023年 10月 6日 初版発行

著者 伊門朔
校正協力 森こと美
発行者 千葉慎也
発行所 合同会社 AmazingAdventure
（東京本社）東京都中央区日本橋 3-2-14
新槇町ビル別館第一 2階
（発行所）三重県四日市市あかつき台 1-2-108
電話 050-3575-2199
E-mail info@amazing-adventure.net
発売元 星雲社（共同出版社・流通責任出版社）
〒112-0005 東京都文京区水道 1-3-30
電話 03-3868-3275
印刷・製本 シナノ書籍印刷

※価格はカバーに記載しています。

ISBN978-4-434-32849-7 C0034